KOKOKARA DRILL SERIES

大学入試
HAJIMERU

高山の ここから

はじめる

英語 リスニング

ドリル

Gakken

# 受験勉強の挫折の原因とは？

自分で
続けられる
かな…

## 定期テスト対策と受験勉強の違い

本書は、これから受験勉強を始めようとしている人のための、「いちばんはじめの受験入門書」です。ただ、本書を手に取った人のなかには、「そもそも受験勉強ってどうやったらいいの？」「定期テストの勉強法と同じじゃだめなの？」と思っている人も多いのではないでしょうか。実は、定期テストと大学入試は、本質的に違う試験なのです。そのため、定期テストでは点が取れている人でも、大学入試に向けた勉強になると挫折してしまうことがよくあります。

定期テスト
とは…
▶ 授業で学んだ内容のチェックをするためのもの。

学校で行われる定期テストは、基本的には「授業で学んだことをどれくらい覚えているか」を測るものです。出題する先生も「授業で教えたことをきちんと定着させてほしい」という趣旨でテストを作成しているケースが多いでしょう。出題範囲も、基本的には数か月間の学習内容なので、「毎日ノートをしっかりまとめる」「先生の作成したプリントをしっかり覚えておく」といったように真面目に勉強していれば、ある程度の成績は期待できます。

大学入試
とは…
▶ 膨大な知識と応用力が求められるもの。

一方で大学入試は、出題範囲が高校3年間の学習内容のすべてであるうえに「入学者を選抜する」ための試験です。点数に差をつけるため、基本的な知識だけでなく、その知識を活かす力（応用力）も問われます。また、試験時間内に問題を解ききるための時間配分なども必要になります。定期テストとは試験の内容も問われる力も違うので、同じような対策では太刀打ちできず、受験勉強の「壁」を感じる人も多いのです。

## 受験参考書の難しさ

定期テスト対策とは大きく異なる勉強が求められる受験勉強。出題範囲が膨大で、対策に充てられる時間も限られていることから、「真面目にコツコツ」だけでは挫折してしまう可能性があります。むしろ真面目に頑張る人に限って、空回りしてしまいがちです。その理由のひとつに、受験参考書を使いこなすことの難しさが挙げられます。多くの受験生が陥りがちな失敗として、以下のようなものがあります。

### 1 参考書1冊をやりきることができない

本格的な受験参考書に挑戦してみると、解説が長かったり、問題量が多かったりして、
挫折してしまう、1冊やりきれないままの本が何冊も手元にある……。
こんな状態になってしまう受験生は少なくありません。

### 2 最初からつまずく

自分のレベルにぴったり合った参考書を選ぶのは難しいもの。
いきなり難しい参考書を手に取ってしまうと、まったく問題に歯が立たず、
解説を見ても理解できず、の八方塞がりになってしまいがちです。

### 3 学習内容が定着しないままになってしまう

1冊をとりあえずやりきっても、最初のほうの内容を忘れてしまっていたり、
中途半端にしか理解できていなかったり……。
力が完全に身についたといえない状態で、
よりレベルの高い参考書に進んでも、うまくいきません。

ならばどうしたら
この失敗が防げるか
考えたのが…

## ここからはじめるシリーズなら挫折しない！

前ページで説明したような失敗を防ぎ、これまでの定期テスト向けの勉強から受験勉強へとスムーズに移行できるように工夫したのが、「ここからはじめる」シリーズです。無理なく、1冊をしっかりとやりきれる設計なので、これから受験勉強をはじめようとする人の、「いちばんはじめの受験入門書」として最適です。

### 1 1冊全部やりきれる！

全テーマが、解説1ページ⇔演習1ページの見開き構成になっています。
スモールステップで無理なく取り組むことができるので、
1冊を最後までやりきれます。

### 2 最初でつまずかない！

本格的な受験勉強をはじめるときにまず身につけておきたい、
基礎の基礎のテーマから解説しています。
ニガテな人でもつまずくことなく、受験勉強をスタートさせることができます。

### 3 学習内容がしっかり定着する！

1冊やり終えた後に、学習した内容が身についているかを
確認できる「修了判定模試」が付いています。
本書の内容を完璧にし、次のレベルの参考書にスムーズに進むことができます。

これなら
続けられそう

## は　じ　め　に

　　この本を手に取っていただき、ありがとうございます！　英語講師の高山
のぞみです。

　　私は高校生の頃に英語を勉強する中で、結果的にリスニングが一番得意にな
ったのですが、それは「音に興味を持ったこと」「音声を聞いてひたすらまねを
したこと」「たくさんディクテーション（音声の書き取り）したこと」、この3
つによるものが大きいと実感しました。そんな自分の経験に基づき、「聞き取れ
るようになるために知っておくと便利な音の知識」をディクテーションしなが
ら体得してもらいたいという気持ちを込めて、本書を作りました。英語の音に
慣れ、「全く何を言っているかわからない……」という状態から抜け出し、音を
単語や文として認識できるようになることを目標としています。

　　本書では、日本で主流のアメリカ英語を使って目標達成のための土台作りを
していきます。また、音声はあえて「自然な速度」で収録されていますが、こ
れは自然な音の変化に慣れてもらうためです。早く感じるかもしれませんが、
ぜひ聞き取れるまで繰り返し聞いてみてください。知識をインプットし、音声
を聞いてディクテーションをしたら、発音や抑揚をまねしながら音読をしてみ
ると、さらに効果的です。

　　最終目標は「入試で高得点をとること」という方が多いと思いますが、なに
より英語が聞き取れるようになると、ドラマや映画なども一層楽しめるように
なったりして世界が広がりますよ！　「このセリフ、英語ではこう言ってたんだ」
という楽しみ方もできるようになります。聞き取れるようになると、「もっと聞
きたい！」という気持ちが自然と湧き上がり、さらに経験を積んで、ますます
聞けるようになっていく……そんな世界の入り口に、今あなたは立っています。

　　さぁ、たくさん聞いて、手や口を動かして、アクティブにリスニングの勉強
をしていきましょう。

くぅちゃん（愛犬）とともに

高山のぞみ

**◀)) 音声のご利用方法**

本書の ◀))TRACK 000 が掲載されている箇所は音声に対応しています。音声を再生するにはまず、右のQRコードをスマホなどで読み取るか、次のURLにアクセスしてアプリをダウンロードしてください。ダウンロード後、アプリを起動して『高山のここからはじめる英語リスニングドリル』を選択すると、端末に音声がダウンロードされます。

# https://gakken-ep.jp/extra/myotomo/

※iPhoneからのご利用にはApple ID、Androidからのご利用にはGoogleアカウントが必要です。また、アプリケーションは無料ですが、通信料は別途発生します。

〔ご利用の注意点〕
お客様のネット環境およびスマホやタブレット端末の環境により、音声の再生やアプリの利用ができない場合、当社は責任を負いかねます。また、スマホやタブレット端末へのアプリのインストール方法など、技術的なお問い合わせにはご対応できません。ご理解をいただきますようお願いいたします。

別冊「解答解説」 → 別冊「修了判定模試」

## 本 書 の 使 い 方

### How to Use

超基礎レベルの知識から、順番に積み上げていける構成になっています。

「▶ここからはじめる」をまず読んで、この講で学習する概要をチェックしましょう。

解説を読んだら、書き込み式の演習ページへ。
学んだ内容が身についているか、すぐに確認できます。

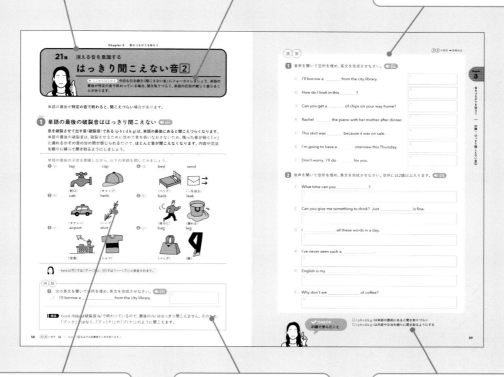

人気講師によるわかりやすい解説。ニガテな人でもしっかり理解できます。

例題を解くことで、より理解が深まります。

学んだ内容を最後におさらいできるチェックリスト付き。

答え合わせがしやすい別冊「解答解説」付き。
詳しい解説でさらに基礎力アップが狙えます。

すべての講をやり終えたら、「修了判定模試」で力試し。
間違えた問題は→00講のアイコンを参照し、該当する講に戻って復習しましょう。

# 1 | 「リスニングとは何か」を考えてみると 対策の仕方が見えてくる！

## リスニングにもさまざまな種類がある

一口に「リスニング」と言っても、映画や海外ドラマのように映像の補助があるリスニング、顔を合わせて会話しているときのリスニング、電話などでの相手の顔が見えない状態でのリスニング……のように、難易度の異なるさまざまな種類のリスニングが存在します。そのなかでも「テスト」という形式は、聞き取りや理解の助けとなる視覚情報が少なく、「聞き取る」能力だけで勝負しなければならないことが多いため、とても高度な類のリスニングだと言えます。受験では、その**高度なリスニングに対応できる力を付けなければならない**のです。

## リスニング力＝単語力＋音の知識＋文法力

本書を手に取ってくださった皆さんは、「リスニングができるようになりたいけど、そもそも何をすればいいのかわからない……」という状態かもしれませんね。文法問題や読解問題は対策方法もイメージしやすいですが、リスニングとなると、どんなことをすれば力がつくのかわかりづらいですよね。

それを探るために、私たちがどうやって英語を聞き取るのか考えてみましょう。すると、リスニングとは、次から次へと流れてくる英語を「**単語力や音の知識を使って適切に区切り、文法力を使って内容を理解する**」ことだと言えそうです。すなわち、**リスニング力を高めるには「単語力」「音の知識」「文法力」の３つが必要**だということになります。

「単語力」「音の知識」「文法力」
の３つが大切！

## 2 | リスニングの土台となる 単語力・文法力・音の知識を どう身につけるか知ろう！

### リスニングの土台は「単語力」と「文法力」

**「単語力」「文法力」は、**リスニングだけではなく英語力全般において**土台となる力**です。これらの力がある程度なければ、そもそも英文を読むことができませんし、**読んで理解できなければ当然聞いても理解することはできません。**ですので、まずは基本的な単語や文法を学習しましょう。

その際に、**リスニングを意識した学習をする**ことも重要です。例えば、単語を覚えるときに無意識にローマ字読みをしたりしていませんか？　そうやって覚えた単語は、文中で見つけたときに意味はわかるかもしれませんが、リスニングでは聞き取ることが難しくなるでしょう。リスニングを意識するということは、**単語を覚えるときに発音やアクセントも覚える**ということなのです。

### 「音の知識」を持っているかで聞こえやすさは変わる

「単語力」「文法力」の土台に、「音の知識」をプラスしていきましょう。英語には日本語にない音がたくさんありますし、特有の音の変化もあります。例えば英語では、talk aboutが「トーク アバウト」のように１単語ずつ区切って発音されるのではなく、「トーカバウ（ト）」と音どうしがつなげて読まれたり、音が聞こえなくなったりします。このような**「音の知識」**を持っていれば**聞き取りやすく**なりますが、知らないと対応できませんよね。本書には、**リスニング力を高めるために知っておいてほしい基本的な音の知識がぎゅっとつまっています。**ゼロから勉強しやすいように作られていますので、ぜひ活用してくださいね。

普段からリスニングを
意識した学習をしよう。

## 3 | 聞こえた音を書きとるディクテーションを続けていくことで、「音の知識」の定着と英語力アップを狙おう！

### まずは英語の「音の知識」を知るところからスタート

　英語には、子音と母音はつながって聞こえるということや、聞こえづらくなる音があるということなど、**知っておくと役立つ**「音の知識」がたくさんあります。これがわかると、「**書いてある通りに聞こえない**」理由がわかります。そして、そのような音の知識を定着させるには、インプットするだけでなく、音声をまねて**音読**してみることや、聞こえてきた音声を書き取る**ディクテーション**を行うことがとても効果的です。ディクテーションは**語の知識と正しい発音を結び付けたり、英語らしい音に慣れたりするのに役立つ**だけでなく、文法の定着にも役立ちます。なぜなら、**聞き取りづらい音があった場合、文法力を使って補ったり、内容を考えたりしなければならない**からです。

### 「音の知識」をつけて、さらにディクテーションで定着させよう

　本書は、左ページが音の知識についての解説、右ページがディクテーションなどの書きこみドリル形式の演習という構成になっています。まずは**左ページを読んで音の出しかたや聞こえかたなどをインプットする**ようにしましょう。音声つきの解説や例題では、音を何度も聞くようにしてみてください（「音声のご利用方法」は P.08 を参照）。次に、音の知識を定着させるために、音声を流してディクテーションを行います。ディクテーションをたくさん行うことで、**リスニング力はもちろん、英語力を総合的に伸ばしていくことを目指しましょう**。ディクテーションの後は、**音声をまねして発音してみる**こともおススメです。

ディクテーションで
音の知識を定着させよう。

# 4 「１文１文が聞き取れるようになる」ことは、「問題を解けるようになる」ための大事な一歩！

## まずは「１文が聞き取れる」をクリアしよう

　読解の学習に「精読」（構造を把握しながら丁寧に読む学習）と「多読」（たくさん読む学習）があるように、リスニングにも「精聴」と「多聴」があると思います。試験ではある意味「多聴」が求められますが、**たくさん英語を聞き、理解して問題を解くということは最終目標**として考えておきましょう。そこに到達するためには、いきなり「多聴」からスタートするのではなく、まずはディクテーションという「精聴」を通じて**１文１文を正確に聞き取れるような力をつけることが重要**です。

## 「１文が聞き取れる」ようになったら次のステップへ

　１文が聞き取れるようになったら、次は**問題の解き方を身に付けて実践する**というステップがあります（解き方はChapter 5の後半でも少し扱っています）。ディクテーションを通じての「精聴」は、言わば英文を聞き取れるようになるための準備ですが、実際に**問題を解く前にも準備が必要**です。リスニングは音声が流れてくる前の「準備」がどれだけできているかに左右されると私は考えています。そう言われると「早く問題演習したい！　すぐに点数が取れるようになりたい！」と思うかもしれませんが、**最終目標の「問題を解く」に向かって一歩ずつ着実に歩みを進めていきましょう。ディクテーションという下積みをすることは、あなたの英語力をレベルアップさせてくれる**はずですよ。

まずは「１文１文を聞きとれる」
ことを目指そう！

# 教えて！　高山先生

## Q

**リスニング対策は音読だけじゃだめですか？**

よく、長文などを勉強した後に音読をしたほうがと良いと聞きます。わざわざリスニングのための勉強をしなくても、とりあえず音読をしていればリスニングの対策になりませんか？

## A

音読はリスニング対策の補助になりますが、
「自己流」で音読している場合は
注意しましょう。

　音読することで英文の理解が深まったり、自分で読んだ英文を聞くことでリスニング対策にもなったりしそうですよね。音読は**音声を聞いて、それをまねして行えばとても良い学習法だと思います**。ただ自己流の発音で音読していると間違った発音を覚えてしまったりするので、かえってリスニングにネガティブな影響を与える可能性もあります。音読する前にまずは音声を聞き、発音・どのように読まれているのかを確認して、そのまねをしてみるようにしましょう。**リスニング力をつけるには音声を聞き理解するための練習が必要なので、音読だけでリスニングの対策をすることはお勧めしません**。しかし、補助的な学習としてはとても良いと思いますよ！

# 教えて！　高山先生

**Q**

## リスニングの勉強なんだから、発音記号はやらなくてもいいんじゃないの？

リスニングは聞き取る問題なんだから、自分が発音できるようになる必要はないと思うんです。発音を良くしたいわけではないから、Chapter 1・2の「音」や「単語」の聞き取り部分は飛ばして Chapter 3 から始めてもいいですか？

**A**

## 自分でも発音記号を読めて、その音を出せるようになっておくことはリスニングにも大いに役立ちます。

　確かに、「聞き取れるようになるだけでいい」と思う気持ちはよくわかります。ですが、**ある音が聞き取れるようになるためには、その音のことをよく知っておくほうが良い**のではないでしょうか。さらに、発音記号を読めると単語を覚えるときに発音を意識することにもつながりますし、音を意識するようになることは、plobrem のような音の知識を無視したことで起こるスペルミスを減らすことにもつながります。このように、**発音記号を学んだりそれぞれの音について知ったりすることには、メリットがたくさんあるん**です。特に知っておいてほしい音を中心に説明しているので、ぜひ Chapter 1 から順番に始めてくださいね！

## Q

### リスニングはとにかく苦手なので、手っ取り早く点数をあげるようなテクニックを学びたいです。

英語は苦手で、リスニングも何を言っているのか全くわからないことが多いです。ディクテーションをしている時間がもったいないので、手っ取り早く点数を上げるような勉強がしたいんですが…

## A

### リスニングには英語の総合的な力が必要。適切な対策をして、テクニックに頼らない力をつけよう。

　リスニングは英語の総合的な力が求められるので、残念ながら、手っ取り早く力をつけることは難しいと思います。リスニングにおけるディクテーションは、スポーツにおける身体づくりや素振りのようなものです。これらをせずに練習試合に飛び込んでいくなんて、無謀だと思いませんか？　まずは**必要な技能を身につけなければ、先に進んでも思うような効果はなかなか得られません**。それに、音を知り、聞いて書き取り、自分でも発音してみるという一連の流れは、慣れれば30分程度でできるはずです。**ディクテーションはリスニング力を高めるのはもちろん、英語力全般を高めます**。30分で英語の総合力が鍛えられるなんて、コスパが良い学習法ですよね！

## 大学入試

高山の ここから

はじめる

英語リスニング

ドリル

河合塾

高山のぞみ

**01講** 子音学習の必要事項を確認する

# 子音の出されかた

▶ ここからはじめる　リスニングの力をしっかり鍛えていくために、英語にはどのような音があり、どのように出されるのかを学ぶことから始めていきます。**01講**は、一つ一つの音を学習する前の準備運動にあたります。

言語の音は**子音**と**母音**に分けることができます。日本語よりも英語のほうが母音・子音ともに数が多いため、英語には日本語にない（日本語の音では代用できない）音がたくさんあります。

## POINT 1 子音は口のどこが使われるか、息がどのように出されるかがポイント

子音は、唇・舌・歯などを使って出される音です。この音は唇・舌・歯などで息の流れを邪魔することで出されるため、子音を学習する際は「**口のどこ（唇・舌・歯など）が使われるのか**」と「**息がどのように出されるのか**」がポイントとなります。

## POINT 2 子音には喉をふるわせる音とふるわせない音がある

また、子音には**喉をふるわせて出される音**である**有声音**と、**喉をふるわせずに出される音**である**無声音**があります。有声音は声を出すので喉がふるえ、無声音は声を出さないので喉がふるえません。

喉に手を当てたまま、次の2つの音を出してみましょう

❶「だ」(da)から「あ」(a)を抜いたd「どぅ」の音

❷「た」(ta)から「あ」(a)を抜いたt「とぅ」の音

 ❶は喉がふるえているけど、❷は喉がふるえていないことを感じられましたか？

## POINT 3 子音の学習に必要な3つのポイント

POINT❶とPOINT❷をまとめると、子音を学習する際は3つのポイントを押さえる必要があるということになります。今後それぞれのポイントは、以下のようなイラストと記号を使って表していきます。

| 要点 | **子音の学習上のポイント** |
|---|---|

**口** 口のどこを使って音が出されるのか
➡ 顔の断面図の唇・舌・歯などの位置

**息** 息はどのように出されるのか
➡ 矢印の太さなど

**喉** 喉をふるわせる（声を出す）かどうか
➡ 喉にぶるぶるマークがあるかどうか

**1** 次の文の空所に正しい語を入れなさい。

● 言語には ①[＿＿＿] と母音がある。

● 子音は唇や ②[＿＿＿] や歯を使って、息の流れを邪魔することで出される。

● 子音には喉をふるわせる ③[＿＿＿] 音と喉をふるわせない無声音がある。

● 子音を学習する際には3つのポイントに気をつけなければならない。

④[＿＿＿] のどこを使って音が出されるのか

⑤[＿＿＿] はどのように出されるのか

⑥[＿＿＿] をふるわせるかどうか

| ① | ② |
|---|---|
|   |   |

| ③ | ④ |
|---|---|
|   |   |

| ⑤ | ⑥ |
|---|---|
|   |   |

---

**発音の表記方法** ......................................................

本書では, 以下のような記号を用いて説明します。

● 「　」… 発音をカタカナで表したもの

● （　）… 聞こえづらい音を表したもの

● ［　］または / … 聞こえかたのバリエーションを表したもの

※なお, 1つ1つの音は「おぅ」のようにひらがなで,
　単語やフレーズなどの発音は「トーカバゥ（ト）」のようにカタカナで記されています。

※発音記号「´」がついている母音は強く読まれます。
　例 stock /stάk/「スタ（ク）/ スト（ク）」

......................................................

次のレッスンから、全ての子音ではなく、特に間違えやすい子音を中心に学習していきます。
音を聞いたり、自分でも発音してみたり、アクティブに行きましょう！

 **CHECK**
**01講で学んだこと**

□ 言語には子音と母音がある
□ 子音は「口のどこを使うのか」「息の出しかた」「喉をふるわせるか」が重要

## 02講　/b/ と /v/ の違いを聞き取れるようになる
# 「ば行」の聞き取り

▶ ここからはじめる　「ば行」に関係する/b/と/v/の音の出されかたの違いについて学習します。日本語話者にとって区別しづらい子音の組み合わせの１つですので、発音方法の違いや音の違いを意識しながら、自分でも発音してみてくださいね。

今回は**/b/** と **/v/** という、「**ば行**」に近い**子音**について学習します。

### POINT 1　/b/ は両方の唇を閉じて、開くときに出される

**/b/** は、日本語の「ば行」に近い音ですが、英語のほうが勢いよく発音されます。

| 発音 | |
|---|---|
| 口 | 両方の唇を一度閉じて、開く |
| 息 | 口を開くときに勢いよく「ばっ」と息が出される |
| 喉 | 喉をふるわせる（声を出す） |

### POINT 2　/v/ は上の歯を下唇に軽く触れて出される

**/v/** は、日本語にはない音です。上の歯を下唇に軽く触れさせて発音されます。

| 発音 | |
|---|---|
| 口 | 上の歯を下唇に軽く触れさせる |
| 息 | 「うー」と息を摩擦させる |
| 喉 | 喉をふるわせる（声を出す） |

### POINT 3　音声を聞いて違いを確認する　🔊 TRACK 001 →音声の利用方法は P.08

**/b/** は **/v/** よりも強く息を出すため、**/b/** のほうがやや強く聞こえます。また、**/b/** は息を勢いよく破裂させることで出されますが、**/v/** は「うー」と息を摩擦させることで出されるという違いもあります。

❶ /b/
biking
（サイクリング）

❷ /v/
Viking
（バイキング）

**演習**

**1** 音声を聞いて、読み上げられた語を選びなさい。 🔊 TRACK 002

① Tom left his ( ⑦ bat / ⑦ vat ) at school.

② My father gave me a big ( ⑦ boat / ⑦ vote ).

③ The ( ⑦ base / ⑦ vase ) over there is beautiful.

④ You should do your ( ⑦ best / ⑦ vest ).

⑤ Noah bought me ( ⑦ globes / ⑦ gloves ) for Christmas.

| ① | ② | ③ |
|---|---|---|
| | | |

| ④ | ⑤ |
|---|---|
| | |

**2** 音声を聞いて、読み上げられた語を選びなさい。 🔊 TRACK 003

① ⑦ berry / ⑦ very    ② ⑦ curb / ⑦ curve

| ① | ② |
|---|---|
| | |

**3** 音声を聞いて空所を埋め、英文を完成させなさい。 🔊 TRACK 004

① It's _____ hot today, so you should take off your _____.

| ① | |
|---|---|
| | |

② My father likes to have a _____ on a _____.

| ② | |
|---|---|
| | |

③ I didn't _____ for Tom because I _____ knew him.

| ③ | |
|---|---|
| | |

④ A clerk told me this _____ is the _____ in her store.

| ④ | |
|---|---|
| | |

⑤ Uncle Jim traveled around the _____ and now he _____ in Australia.

| ⑤ | |
|---|---|
| | |

**✓ CHECK**
**02講で学んだこと**

☐ 「ば行」に関する音は /b/ と /v/ がある
☐ /b/ は「ば行」より強く、両唇を閉じて息を破裂させて出される音
☐ /v/ は上の歯と下唇で息を摩擦させて出される音

**03講** /f/ と /h/ の違いを聞き取れるようになる

# 「は行」の聞き取り

▶ ここからはじめる 「は行」に関する /f/ と /h/ の音の出されかたの違いについて学習します。音の違いを意識していないために、スペルに含まれる f と h を書き間違えてしまう人は多いです。注意して学習しましょう。

今回は /f/ と /h/ という、「は行」に近い**子音**について学習します。

## POINT 1 /f/ は上の歯を下唇に軽く触れて出される

**/f/** の音は、**02講**で出てきた **/v/** と同じ手順で発音されますが、**喉をふるわせません**（声を出しません）。また、/v/ と同様に日本語にはない音です。

| 発音 | | |
|---|---|---|
| **口** | 上の歯を下唇に軽く触れさせる | |
| **息** | 「ふー」と息を摩擦させる | |
| **喉** | 喉をふるわせない（声は出さない） | |

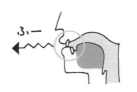

ふー

## POINT 2 /h/ は喉の奥から「はっ」と出される

**/h/** の音は、日本語の「は、へ、ほ」に関する音です。**唇や舌の決まった位置は特にありません**。そのため、次に続く母音に影響を受けて、位置が決まってきます。

| 発音 | | |
|---|---|---|
| **口** | 口をぽかんと開ける | |
| **息** | 喉の奥から「はっ」と強く息が出される | |
| **喉** | 喉をふるわせない（声は出さない） | |

はっ

## POINT 3 音声を聞いて違いを確認する 🔊 TRACK 005

**/f/** は摩擦が感じられる音ですが、**/h/** には摩擦が感じられません。

**❶** /f/

fear

（恐怖）

**❷** /h/

hear

（〜を聞く）

**1** 音声を聞いて、読み上げられた語を選びなさい。 🔊 TRACK 006

① It's ( ㋐ funny / ㋑ honey ) you should say that.

② My grandparents live near the ( ㋐ fill / ㋑ hill ).

③ My boss wants to ( ㋐ fire / ㋑ hire ) him.

④ Oliver is a ( ㋐ fat / ㋑ hat ) but healthy cat.

⑤ Sophia is afraid of ( ㋐ fights / ㋑ heights ).

| ① | ② | ③ |
|---|---|---|
|   |   |   |

| ④ | ⑤ |
|---|---|
|   |   |

**2** 音声を聞いて、読み上げられた語を選びなさい。 🔊 TRACK 007

① ㋐ fall / ㋑ hall　　② ㋐ five / ㋑ hive

| ① | ② |
|---|---|
|   |   |

**3** 音声を聞いて空所を埋め、英文を完成させなさい。 🔊 TRACK 008

① What is the _____ of Mt. Fuji?

| ① |
|---|
|   |

② If you _____ tired, why don't you drink tea with _____?

| ② | |
|---|---|
|   |   |

③ A woman with long _____ told us how to _____ a paper crane.

| ③ | |
|---|---|
|   |   |

④ Put your _____ on the _____ over there.

| ④ | |
|---|---|
|   |   |

⑤ The _____ was so crowded that I _____ to find him.

| ⑤ | |
|---|---|
|   |   |

**✓ CHECK**
**03講で学んだこと**

□ /f/ は上の歯と下唇で息を摩擦させて出される音
□ /h/ は喉の奥から「はっ」と出される音
□ /f/ には摩擦が生じるが、/h/ は生じない

**04講** /l/ と /r/ の違いを聞き取れるようになる

# 「ら行」の聞き取り

▶ ここからはじめる　ニガテな人が多い「ら行」に関する/l/と/r/の音の出されかたについて学習します。舌先の位置と口のカタチがポイントです。このペアもスペルミスや聞き間違いにつながりやすいので気をつけましょう。

今回は **/l/** と **/r/** という、「**ら行**」に近い**子音**について学習します。

 両方とも日本語の「ら」とは発音の仕方が異なりますので、注意しましょう。
出されかたを理解することで、plobremのようなスペルミスを防ぎやすくもなります。

**POINT 1** /l/ は舌先を上の歯の付け根に押し当てて出される

**/l/** は、日本語にはない音です。**息は舌の横から出ていくことをイメージ**してみてください。

| 発音 | |
| --- | --- |
| 口 | 舌先を上の歯の裏の根本（歯茎）に押し当てる |
| 息 | 舌の横から「う」と息が抜ける |
| 喉 | 喉をふるわせる（声を出す） |

**POINT 2** /r/ は唇と舌先を丸めて出される

**/r/** も、/l/と同じく日本語にはない音です。**唇を少し突き出して発音**されるため、発音の始めに「**う**」のような音が聞こえる場合もあります。

| 発音 | |
| --- | --- |
| 口 | 舌先は口のどこにも触れず、喉のほうにそらす |
| 息 | 「あー」というイメージで息が出される |
| 喉 | 喉をふるわせる（声を出す） |

**POINT 3** 音声を聞いて違いを確認する 🔊 TRACK 009

/r/は唇を丸めるため音の始めに「う」のような音が聞こえることがありますが、/l/には聞こえません。

❶ /l/
play
（遊ぶ）

❷ /r/
pray
（祈る）

**1** 音声を聞いて、読み上げられた語を選びなさい。 🔊 TRACK 010

① Emma was ( ㋐ late / ㋑ rate ) for school today.

② Can I have a ( ㋐ glass / ㋑ grass ) of water?

③ Let's ( ㋐ play / ㋑ pray ) for world peace.

④ I sat in the front ( ㋐ low / ㋑ row ) of the classroom.

⑤ Don't forget to ( ㋐ blush / ㋑ brush ) your teeth before you go to bed.

| ① | ② | ③ |
|---|---|---|
| | | |

| ④ | ⑤ |
|---|---|
| | |

**2** 音声を聞いて、読み上げられた語を選びなさい。 🔊 TRACK 011

① ㋐ long / ㋑ wrong    ② ㋐ loyal / ㋑ royal

| ① | ② |
|---|---|
| | |

**3** 音声を聞いて空所を埋め、英文を完成させなさい。 🔊 TRACK 012

① The _____ in the back yard _____ faster in summer.

| ① | |
|---|---|
| | |

② Please tell me if this sentence is _____ or _____.

| ② | |
|---|---|
| | |

③ I _____ a book about the British _____ family.

| ③ | |
|---|---|
| | |

④ It was a very sunny day, and the _____ was so _____.

| ④ | |
|---|---|
| | |

⑤ I hope my dog is still _____ when I _____ there.

| ⑤ | |
|---|---|
| | |

✔ CHECK
**04講で学んだこと**

□ 「ら行」に関する音は /l/ と /r/ がある
□ /l/ は舌先を上の歯の付け根に押し当てて出される音
□ /r/ は唇と舌先を丸めて出される音

## 05講　/s/ と /ʃ/ と /θ/ の違いを聞き取れるようになる
# 「さ行」の聞き取り

▶ ここからはじめる 「さ行」に関する /s/ と /ʃ/ と /θ/ の音の出されかたの違いについて学習します。どれも息が狭い空間を通ることで出される、摩擦を感じる音です。ただ、音の印象は大きく異なりますので、聞き分けやすいはずですよ。

今回は /s/ と /ʃ/ と /θ/ という、「さ行」に近い子音について学習します。

 /s/ は名詞の複数形や三単現の s、/ʃ/ は production のような -tion、/θ/ は thank のような th と関係している音なので、耳にする頻度が高いですよ。

### POINT 1 /s/ は口を横につっぱらせる

/s/ は、日本語の「さ、す、せ、そ」に関する音で、/ʃ/ や /θ/ より鋭い印象を与えます。**口は横に広げて発音**されます。

| 発音 | |
|---|---|
| 口 | 歯を軽く閉じ、舌を上の歯の裏（歯茎）に近づける |
| 息 | 「す」と短く息を摩擦させる |
| 喉 | 喉をふるわせない（声は出さない） |

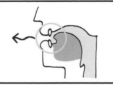

### POINT 2 /ʃ/ は「しー」（静かに！）の口をイメージする

/ʃ/ は、日本語の「しゃ、しゅ、しょ」に関する音で、「しー」（静かに！）のイメージで**唇を丸くとがらせ、舌は /s/ より少し奥のほうに近づけて発音**されます。

| 発音 | |
|---|---|
| 口 | 歯を軽く閉じ唇を丸くとがらせ、舌を歯茎の少し後ろに近づける |
| 息 | 「しゅ」と短く息を摩擦させる |
| 喉 | 喉をふるわせない（声は出さない） |

### POINT 3 /θ/ は舌先の位置がポイント

/θ/ は、日本語にはない音です。舌先を強く噛んでは音が出せないので、**軽く歯に触れさせるイメージ**です。

| 発音 | |
|---|---|
| 口 | 舌先を上の歯と下の歯で軽くはさむ（触れさせる） |
| 息 | 「す」と短く息を摩擦させる |
| 喉 | 喉をふるわせない（声は出さない） |

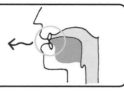

### POINT 4 音声を聞いて違いを確認する 🔊 TRACK 013

すべて摩擦を感じる音ですが、/s/ は強い「す」、/ʃ/ は「しゅ」、/θ/ は浮き輪から空気が漏れているような「す」という感じに聞こえます。

❶ /s/
sort
（種類）

❷ /ʃ/
short
（短い）

❸ /θ/
thought
（考え）

演 習

**1** 音声を聞いて、読み上げられた語を選びなさい。 🔊 TRACK 014

① I saw a ( ㋐ mouse / ㋑ mouth ) in the kitchen.

② My daughter is ( ㋐ sick / ㋑ thick ). I hope ( ㋐ seal / ㋑ she'll ) get better soon.

③ Lucas said London is ( ㋐ worse / ㋑ worth ) visiting.

④ The ( ㋐ seem / ㋑ theme ) for today's discussion is global warming.

⑤ Please have a ( ㋐ seat / ㋑ sheet ) here and wait for a while.

| ① | ② | ③ |
|---|---|---|
| | | |

| ④ | ⑤ |
|---|---|
| | |

**2** 音声を聞いて、読み上げられた語を選びなさい。 🔊 TRACK 015

① ㋐ sum / ㋑ thumb　②　㋐ save / ㋑ shave

| ① | ② |
|---|---|
| | |

**3** 音声を聞いて空所を埋め、英文を完成させなさい。 🔊 TRACK 016

① _____ been playing the violin since her _____.

| ① | |
|---|---|
| | |

② The weather _____ to be getting _____.

| ② | |
|---|---|
| | |

③ I think I _____ the interview because he gave me a _____ up.

| ③ | |
|---|---|
| | |

④ You should _____ your beard; otherwise, you'll _____ people.

| ④ | |
|---|---|
| | |

⑤ My father _____ me to study Japanese _____.

| ⑤ | |
|---|---|
| | |

✔ CHECK
05講で学んだこと

□「さ行」に関する音は /s/ と /ʃ/ と /θ/ がある
□ /s/ は口を横に引っ張って出される音
□ /ʃ/ は唇を丸くとがらせて出される音
□ /θ/ は舌先を上下の歯の間に軽くはさんで出される音

# 06講 /z/ と /ʒ/ と /ð/ の違いを聞き取れるようになる
# 「ざ行」の聞き取り

▶ ここからはじめる 「ざ行」に関する /z/ と /ʒ/ と /ð/ の音の出されかたの違いについて学習します。基本的な出されかたは05講の音と同じなので、取り組みやすいはずですよ！

今回は /z/ と /ʒ/ と /ð/ という、「ざ行」に近い子音について学習します。**05講**で学習した /s/、/ʃ/、/θ/ と同じ口のカタチや息の出しかたで**喉をふるわせる（声を出す）**と、/z/、/ʒ/、/ð/ になります。

## POINT 1 /z/ は口を横につっぱらせる

/z/ は、日本語の「ざ、じ、ず、ぜ、ぞ」に近い音で、/s/ と同じように鋭い印象を与えます。**口は横に広げて発音**されます。

| 発音 | | |
|---|---|---|
| 口 | 歯を軽く閉じ、舌を上の歯の裏（歯茎）に近づける |  |
| 息 | 「ず」と短く空気を摩擦させる | |
| 喉 | 喉をふるわせる（声を出す） | |

## POINT 2 /ʒ/ は口を丸めて出される

/ʒ/ は、日本語の「じゃ、じゅ、じょ」に関する音で、/ʃ/ と同じように**唇を丸くとがらせ舌は** /z/ **より少し奥のほうに近づけて発音**されます。

| 発音 | | |
|---|---|---|
| 口 | 歯を軽く閉じ、舌を歯茎の少し後ろに近づける |  |
| 息 | 「じゅ」と短く空気を摩擦させる | |
| 喉 | 喉をふるわせる（声を出す） | |

## POINT 3 /ð/ は舌の位置がポイント

/ð/ は、日本語にはない音です。/θ/ と同じように**舌先を上下の歯の間にはさんで、または軽く歯に触れさせて発音**されます。

| 発音 | | |
|---|---|---|
| 口 | 舌先を上の歯と下の歯で軽くはさむ（触れさせる） | 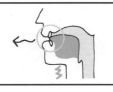 |
| 息 | 「ず」と短く空気を摩擦させる | |
| 喉 | 喉をふるわせる（声を出す） | |

## POINT 4 音声を聞いて違いを確認する 🔊 TRACK 017

/z/ と /ð/ は似た音に聞こえますが、/z/ のほうがより鋭い音であることを感じてみましょう。

**❶** /z/
zoo
（動物園）

**❷** /ʒ/
television
（テレビ）

**❸** /ð/
brother
（兄・弟）

**1** 音声を聞いて、読み上げられた語を選びなさい。 🔊 TRACK 018

① I need to bring my ( ㋐ closes / ㋑ clothes ) to the dry cleaner.

② A cool ( ㋐ breeze / ㋑ breathe ) touched my cheek.

③ I am under ( ㋐ pleasure / ㋑ pressure ) to finish this report by Monday.

④ How often should I ( ㋐ bays / ㋑ bathe ) my dog?

| ① | ② |
|---|---|
| | |

| ③ | ④ |
|---|---|
| | |

**2** 音声を聞いて空所を埋め、英文を完成させなさい。 🔊 TRACK 019

① Is _____ part of _____?

| ① | |
|---|---|
| | |

② My sister _____ takes a long time to make _____.

| ② | |
|---|---|
| | |

③ I've been working this week _____ having any _____ time.

| ③ | |
|---|---|
| | |

④ I don't have time to _____. Can you _____ him instead?

| ④ | |
|---|---|
| | |

⑤ An essay needs an _____, body and _____.

| ⑤ | |
|---|---|
| | |

⑥ They never _____ to _____ me!

| ⑥ | |
|---|---|
| | |

✓ CHECK
06講で学んだこと

□ 「ざ行」に関する音は /z/ と /ʒ/ と /ð/ がある
□ /z/ は口を横につっぱって出される音
□ /ʒ/ は唇を丸めて出される音
□ /ð/ は舌先を上下の歯の間に軽くはさんで出される音

# 07講　/m/ と /n/ と /ŋ/ の違いを聞き取れるようになる

# 「ん」の聞き取り

▶ ここからはじめる　「ん」に関する/m/と/n/と/ŋ/について、音の出されかたの違いを学習します。実は日本語の「ん」にもこの3つに似た音は存在します。簡単に言うと、「新橋」の「ん」は/m/、「本当」の「ん」は/n/、「あんこ」の「ん」は/ŋ/です。

今回は /m/ と /n/ と /ŋ/ という、「ん」に近い**子音**について学習します。

 この3つはこれまでの音と違い、口からではなく鼻に息を送って出される音です。

## POINT 1 /m/ は口を閉じて鼻に息を送ることで出される

/m/ は、日本語の「ま行」に関する音です。**口を閉じることで息が鼻から出されます。**/b/ のように口を閉じて発音される音が続くことが多いです。

| 発音 | | |
|---|---|---|
| 口 | 口を閉じ、舌はどこにも触れさせない | |
| 息 | 「ん」と鼻から息を出す | |
| 喉 | 喉をふるわせる（声を出す） | |

## POINT 2 /n/ は口を閉じず、舌先を使って鼻に息を送ることで出される

/n/ は、日本語の「な、ぬ、ね、の」に関する音です。/m/ と違って口は閉じず、舌を上の歯の歯茎に置くことで鼻から息が出されます。

| 発音 | | |
|---|---|---|
| 口 | 口は軽く開き、舌を上の歯の歯茎に置く | |
| 息 | 「ん」と鼻から息を出す | |
| 喉 | 喉をふるわせる（声を出す） | |

## POINT 3 /ŋ/ は口を閉じず、舌の奥を使って鼻に息を送ることで出される

/ŋ/ は、「か行」や「が行」の前で使われる「ん」に関する音です。ng や nk のスペルの場合に使われることが多く、単語の始めに来ることはない音です。

| 発音 | | |
|---|---|---|
| 口 | 口は軽く開き、舌の奥を上にくっつける | |
| 息 | 「ん」と鼻から息を出す | |
| 喉 | 喉をふるわせる（声を出す） | |

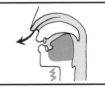

## POINT 4 音声を聞いて違いを確認する 🔊 TRACK 020

/m/ はハミングしているような少しこもった音、/n/ はそれよりもややはっきりした音、/ŋ/ はかすかに「ぐ」と聞こえるような音です。

❶ /m/
sum
（合計）

❷ /n/
sun
（太陽）

❸ /ŋ/
sung
（sing の
過去分詞）

**1** 音声を聞いて、読み上げられた語を選びなさい。 TRACK 021

① Mia keeps her room ( ㋐ meat / ㋑ neat ).

② William has never ( ㋐ son / ㋑ sung ) in public.

③ Look how he ( ㋐ swims / ㋑ swings ) a bat!  He must be a pro.

④ ( ㋐ Turn / ㋑ Term ) right, and you'll find the station on your right.

| ① | ② |
|---|---|
|  |  |
| ③ | ④ |
|  |  |

**2** 音声を聞いて、読み上げられた語を選びなさい。 TRACK 022

① ㋐ sum / ㋑ sun / ㋒ sung

② ㋐ rum / ㋑ run / ㋒ rung

③ ㋐ whim / ㋑ win / ㋒ wing

| ① | ② | ③ |
|---|---|---|
|  |  |  |

**3** 音声を聞いて空所を埋め、英文を完成させなさい。 TRACK 023

① My _____ is much _____ than yours.

| ① | |
|---|---|
|  |  |

② Students are required to _____ in the _____ paper by Monday.

| ② | |
|---|---|
|  |  |

③ I have _____ of things to do to _____ the competition.

| ③ | |
|---|---|
|  |  |

④ Richard tried to _____ to school but unfortunately the bell had already _____.

| ④ | |
|---|---|
|  |  |

**CHECK
07講で学んだこと**

☐ 「ん」に関する音は /m/ と /n/ と /ŋ/ がある
☐ /m/ は口を閉じて鼻に息を送って出される音
☐ /n/ は舌先を使って鼻に息を送って出される音
☐ /ŋ/ は舌の奥を使って鼻に息を送って出される音

# 08講　/tʃ/ と /dʒ/ を聞き取れるようになる

## 「ちゃ」と「ぢゃ」の聞き取り

▶ ここからはじめる　「ちゃ」に関する/tʃ/や「ぢゃ」に関する/dʒ/の音の出されかたの違いについて学習します。以前に学習した/ʃ/と/ʒ/と似ているように見えますが、/tʃ/と /dʒ/は舌先が歯茎の後ろにつきます。

今回は /tʃ/ という、「ちゃ」に近い**子音**と、/dʒ/ という、「ぢゃ」（「じゃ」）に近い**子音**について学習します。

 この2つは音の出されかたは同じですが、/tʃ/が無声音で/dʒ/が有声音です。どちらも日本語の「ちゃ」「ぢゃ」より強く息が出されて発音されます。

### POINT 1 /tʃ/ は上の歯の付け根に置いた舌をゆっくり離すときに出される

/tʃ/ は、日本語の「ちゃ、ちゅ、ちょ」に関する音で、**唇を丸くとがらせて**発音されます。また、try の tr- のような音も同様に「ちゅ」と聞こえます。

| 発音 | |
|---|---|
| ■口 | 唇を丸くとがらせて、舌先を歯茎の後ろに置き、そこからゆるやかに舌を離す |
| ■息 | 舌を離すときに「ちゅ」と短く息を摩擦させる |
| ■喉 | 喉をふるわせない（声は出さない） |

### POINT 2 /dʒ/ は /tʃ/ と同じ出されかたで喉をふるわせる

/dʒ/ は、/tʃ/ と同じ出されかたですが、**喉をふるわせて**（声を出して）発音されます。また、dream の dr- のような音も「ぢゅ」（「じゅ」）のように聞こえます。

| 発音 | |
|---|---|
| ■口 | 唇を丸くとがらせて、舌先を歯茎の後ろに置き、そこからゆるやかに舌を離す |
| ■息 | 舌を離すときに「ぢゅ」と短く息を摩擦させる |
| ■喉 | 喉をふるわせる（声を出す） |

 /dʒ/ と /ʒ/ の区別はとても難しいです。/dʒ/ は歯茎の後ろに舌先をつけますが、/ʒ/ では舌先はどこにもつかないことを意識し、何度も発音したり聞いたりして音に慣れましょう。

### POINT 3 音声を聞いて違いを確認する 🔊 TRACK 024

「ちゅ」と聞こえるのが/tʃ/で、「ぢゅ」（「じゅ」）と聞こえるのが/dʒ/です。

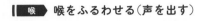

**❶** /tʃ/
cherry
（さくらんぼ）

**❷** /dʒ/
jelly
（ゼリー）

演 習

**1** 音声を聞いて、読み上げられた語を選びなさい。 🔊 TRACK 025

① Uncle John brought us a ( ⑦ chunk / ④ junk ) of meat.

② Harper made a ( ⑦ choke / ④ joke ) about her own glasses.

③ ( ⑦ Chew / ④ True ) your food properly.

④ The driver was arrested for ( ⑦ drunk / ④ junk ) driving.

⑤ I went on a camping ( ⑦ trip / ④ chip ) with my friends last summer.

| ① | ② | ③ |
|---|---|---|
|   |   |   |

| ④ | ⑤ |
|---|---|
|   |   |

**2** 音声を聞いて、読み上げられた語を選びなさい。 🔊 TRACK 026

① ⑦ H / ④ age

② ⑦ drag / ④ jag

③ ⑦ chick / ④ trick

| ① | ② | ③ |
|---|---|---|
|   |   |   |

**3** 音声を聞いて空所を埋め、英文を完成させなさい。 🔊 TRACK 027

① How many _____ can _____ speak?

| ① | |
|---|---|
|   |   |

② Did you buy a _____ of _____ at a supermarket?

| ② | |
|---|---|
|   |   |

③ My brother _____ a picture of a _____.

| ③ | |
|---|---|
|   |   |

④ There are some _____ under the _____.

| ④ | |
|---|---|
|   |   |

✔ CHECK
**08講で学んだこと**

□「ちゅ」に関する音は /tʃ/ や /tr/ がある
□「ぢゅ」(「じゅ」)に関する音は /dʒ/ や /dr/ がある
□ /tʃ/ と /dʒ/ は唇を丸めて息を摩擦させることで出される音

## 09講　母音学習の必要事項を確認する
# 母音の出されかた

▶ ここからはじめる　**Chapter 1**の子音に続き、**Chapter 2**では母音について学んでいきます。子音では「口のどこが使われるか」「息がどのように出されるか」などが重要でしたね。母音ではどのようなことがポイントとなるか確認しましょう。

日本語の母音には「あ、い、う、え、お」のような短い5つの音（**短母音**）と、それぞれをのばした長い音（**長母音**）があります。英語の母音は日本語よりも細かく分類されており、倍以上の数があると言われています。

### POINT 1 母音は口の中の空間の大きさや口のカタチがポイント

母音は、あごや舌のポジションなどによる口の中の空間の大きさや、口のカタチなどで変化します。そのため、「**口の中の空間をどう作るか（口の開き具合や舌の位置）**」「**口のカタチはどうなっているか**」がポイントとなります。

### POINT 2 母音の横の「:」ははっきりした（長い）音になる目印

英語の母音には、/iː/のように、「:」**の記号がついている**ものがあり、**この記号がついていると緊張したはっきりした（長い）音になります。**また、「:」がついていると、ついていない音を出す際の口のカタチがやや誇張されることもあります。例えば、/uː/は/u/よりも口を強く丸めて出されます。

### POINT 3 母音の学習に必要な2つのポイント

**1**と**2**をまとめると、母音を学習する際は2つのポイントを押さえる必要があるということになります。それぞれのポイントを、以下のようなイラストと記号を使って表していきます。

要点　**母音の学習上のポイント**

**口の中**　口の中の空間をどう作って音が出されるのか
　　　　（口の開き具合や舌の位置）
　　➡ 口の縦に描かれている矢印の大きさ

**口のカタチ**　どのような口のカタチで音が出されるのか
　　➡ イラストの口のカタチ

口の中の空間には、舌の位置（舌の高さや舌が手前にあるか奥にあるかなど）も関係します。ここからは口のカタチを中心に説明しますが、特に必要な場合は舌の位置も補足します。

演習

の解答 → 別冊 P.10

**1** 次の文章の空所に正しい語を入れなさい。

● 言語には子音と ①⬚ がある。

● 英語の母音の数は日本語の母音の数より ②⬚ 。

● 「:」の記号がついている場合は ③⬚ （長い）音になる。

● 母音を学習する際には特に2つのポイントに気をつけなければならない。
  口の開き具合や ④⬚ の位置などで口の中の空間をどのように作って出されるか
  どのような口の ⑤⬚ で出されるか

① ⬚ ② ⬚ ③ ⬚

④ ⬚ ⑤ ⬚

 特に間違えやすい母音を中心に学習していきます。
音を聞いたり、自分でも発音してみたり、アクティブに学習を進めましょう！

 ✔ CHECK
09講で学んだこと

□ 言語には子音と母音がある
□ 「:」がつくと、緊張を持ったはっきりした（長い）音になる
□ 母音は「口の中の空間をどう作るか」「口のカタチはどうなっているか」が
　重要

**10講** /ɑ/ と /æ/ と /ʌ/ の違いを聞き取れるようになる

# 「あ」の聞き取り

▶ ここからはじめる　日本語の「あ」にあたる3つの音の出されかたの違いについて学習します。母音の中でも「あ」に関する音はバリエーションも多く、難しく感じるかもしれません。特徴を整理してマスターしましょう！

今回は /ɑ/ と /æ/ と /ʌ/ という、「あ」に近い**母音**について学習します。

## POINT 1 /ɑ/ は口を大きく開けて出される

/ɑ/ は、日本語の「あ」よりも口を大きく開けて発音されます。口を開ける（あごを下げる）と、自然と舌の位置も下がり、口の中の空間が広がります。

| 発音 | | |
|---|---|---|
| **口の中** | 指が3本入るくらい空間を作る | |
| **口のカタチ** | 日本語の「あ」よりも大きく口を開けて奥から「あ（ー）」と出される | 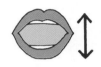 |

## POINT 2 /æ/ は「え」の口で「あ」と発音されるイメージ

/æ/ は、/ɑ/ よりも少し口を閉じ、「え」のような口で「あ」と発音されるイメージです。

| 発音 | | |
|---|---|---|
| **口の中** | 指が2本入るくらい空間を作る | |
| **口のカタチ** | 「え」のような口のカタチで「あ」と発音される |  |

## POINT 3 /ʌ/ は口をぽかんと開けてリラックスした状態で出される

/ʌ/ は、日本語の「あ」に近い音ですが、日本語の「あ」よりも口を狭く開け、喉から「あっ」と発音されます。「あ」とは違った、短いあいまいな音に聞こえます。

| 発音 | | |
|---|---|---|
| **口の中** | 舌・口をリラックスさせる | |
| **口のカタチ** | 口は半開きで短くあいまいな音が出される |  |

 スペルでoは /ɑ/、aは /æ/、uは /ʌ/ の発音になることが多いことも、覚えておくと便利ですよ。

## POINT 4 音声を聞いて違いを確認する 🔊 TRACK 028

/ɑ/ ははっきりした「あ」または「お」に近い音、/æ/ は「え」と「あ」の中間の音、/ʌ/ はややこもった音に聞こえます。

**❶ /ɑ/**
hot
（暑い）

**❷ /æ/**
hat
（帽子）

**❸ /ʌ/**
hut
（小屋）

**演習**

**1** 音声を聞いて、読み上げられた語を選びなさい。 🔊 TRACK 029

① What a cute ( ⑦ cat / ④ cut )!

② I had a lot of ( ⑦ fan / ④ fun ) last night at the party.

③ I'm afraid that color is out of ( ⑦ stock / ④ stuck ) now.

④ The curtains ( ⑦ match / ④ much ) this room well.

| ① | ② |
|---|---|
|   |   |

| ③ | ④ |
|---|---|
|   |   |

**2** 音声を聞いて、読み上げられた語を選びなさい。 🔊 TRACK 030

① ⑦ hot / ④ hat / ⑦ hut    ② ⑦ lock / ④ lack / ⑦ luck

③ ⑦ cop / ④ cap / ⑦ cup

| ① | ② | ③ |
|---|---|---|
|   |   |   |

**3** 音声を聞いて空所を埋め、英文を完成させなさい。 🔊 TRACK 031

① Kevin _____ the tennis _____ this July.

| ① | |
|---|---|
|   |   |

② Emily _____ a _____ of hot milk before she went to bed.

| ② | |
|---|---|
|   |   |

③ Please _____ and _____ the door so that nobody can come in.

| ③ | |
|---|---|
|   |   |

④ My mother is _____ of traditional Japanese _____.

| ④ | |
|---|---|
|   |   |

⑤ James _____ focus! He nearly _____ into a tree while driving.

| ⑤ | |
|---|---|
|   |   |

✔ CHECK
10講で学んだこと

☐ 「あ」に関する音は/ɑ/と/æ/と/ʌ/がある
☐ /ɑ/は口を大きく開けて出される音
☐ /æ/は「え」の口で「あ」と出される音
☐ /ʌ/は口をリラックスさせて出される音

**11講**　「あ」や「え」に関する音の違いを聞き取れるようになる

# 「あ」と「え」の聞き取り

▶ ここからはじめる　「え」に関する2つの音を学習し、**10講**で学習した「あ」に関する3つの音との区別を意識してみましょう。日本語では「あ」と「え」は大きく違うように感じられますが、英語では似て聞こえることもあるので要注意です。

今回は /ə/ と /e/〔/ɛ/〕という、「え」に近い**母音**について学習します。

## POINT 1 /ə/ と /ʌ/ はほとんど同じ音

/ə/ は、**10講**に出てきた /ʌ/ とほとんど同じ音です。/ʌ/ のほうが /ə/ より舌の位置が少し下がり、基本的には**アクセントがある場合は /ʌ/、ない場合は /ə/** が用いられます。/ə/ は発音するのにエネルギーをあまり使わない母音なので、単語中のアクセントが置かれない母音には /ə/ が用いられることがとても多いのです。

| 発音 | | |
|---|---|---|
| **口の中** | 舌・口をリラックスさせる |  |
| **口のカタチ** | 口は半開きで短くあいまいな音が出される | |

 /ə/・/ʌ/ は「あ」や「え」とは異なる、あいまいな響きの音です。

## POINT 2 /e/ は日本語の「え」と近い音

/e/ は、**日本語の「え」と近い音**です。日本語の音にも近いため簡単に感じると思いますが、**10講**の「あ」に関する音との区別に注意しましょう。

| 発音 | | |
|---|---|---|
| **口の中** | 「え」よりも少しあごを下げることを意識する |  |
| **口のカタチ** | 口は自然な状態で開けて「え」と出される | |

## POINT 3 音声を聞いて違いを確認する 🔊 TRACK 032

間違えやすい /æ/ とあわせて違いを確認してみましょう。❶の London /lʌ́ndən/ には、**アクセントがある /ʌ/ とない /ə/ の両方が入っている**ことに注目です。

❶ /ə/
London
（ロンドン）

❷ /e/
bed
（ベッド）

❸ /æ/
bad
（悪い）

## 演習

**1** 音声を聞いて、読み上げられた語を選びなさい。 🔊 TRACK 033

① Seven ( ⑦ man / ① men ) are coming to the meeting tomorrow.

② Can you ( ⑦ lend / ① land ) me this book?

③ The dogs ( ⑦ run / ① ran ) away from their house.

④ I like the saying "( ⑦ money / ① many ) can't buy happiness".

⑤ ( ⑦ Policeman / ① Policemen ) were trying to arrest a man.

| ① | ② | ③ |
|---|---|---|
|   |   |   |

| ④ | ⑤ |
|---|---|
|   |   |

**2** 音声を聞いて空所を埋め、英文を完成させなさい。 🔊 TRACK 034

① Amber _____ she was _____ about the situation.

| ① | |
|---|---|
|   |   |

② It's _____ time we _____ for the station.

| ② | |
|---|---|
|   |   |

③ Are we _____ to bring our _____?

| ③ | |
|---|---|
|   |   |

④ Let's go outside and get _____ _____ air.

| ④ | |
|---|---|
|   |   |

⑤ I can't _____ my head in the _____ any longer.

| ⑤ | |
|---|---|
|   |   |

⑥ To become a _____ artist, you should stay hungry for _____.

| ⑥ | |
|---|---|
|   |   |

✔ CHECK
**11講で学んだこと**

☐ 「え」に関する音は /ə/ と /e/ がある
☐ /ə/ は /ʌ/ とほとんど同じように出される音
☐ /e/ は日本語の「え」と同じように出される音
☐ 「え」と「あ」に関する音の区別に注意する

# 12講　/ɑːr/ と /əːr/ の違いを聞き取れるようになる
# 「あー」の聞き取り

▶ ここからはじめる　日本語の「あー」にあたる2つの音の出されかたの違いについて学習します。この2つも間違いが起こりやすく、発音問題などで問われることも多いペアです。何度も聞いたり、自分でも口に出したりして音に慣れましょう！

今回は /ɑː(r)/ と /əː(r)/ という、「あー」に近い**母音**について学習します。スペルに /r/ が含まれない場合は、/r/ は発音されないこともあります。

## POINT 1 /ɑː(r)/ は口を大きく開けて /ɑ/ ＋最後に舌をそらせる

/ɑː(r)/ は、/ɑ/ の音をのばし、最後に舌先をくるっとそらせて /r/ の音を足したものです。/ɑ/ のように、口を大きく開けて発音されます。

| 発音 | **口の中** | 指が3本入るくらい空間を作る |
| | **口のカタチ** | 「あ」よりも大きく口を開けて「あー」と出される＋最後に舌先をくるっとそらせて /r/ の音が足される |

## POINT 2 /əː(r)/ は口をぽかんと半開きで /ə/ ＋最後に舌をそらせる

/əː(r)/ は、/ə/ の音をのばし、最後に舌先をくるっとそらせて /r/ の音を足したものです。/ə/ のように、口を狭く開け、こもった音が出されます。

| 発音 | **口の中** | 舌・口をリラックスさせる |
| | **口のカタチ** | 口は半開きで長めのあいまいな音が出される＋最後に舌先をくるっとそらせて /r/ の音が足される |

## POINT 3 音声を聞いて違いを確認する 🔊 TRACK 035

/ɑː(r)/ は口を大きく開けるためはっきり聞こえ、/əː(r)/ はこもった音に聞こえます。また、/əː(r)/ は /r/ と同じように聞こえることもあります。

❶ /ɑː(r)/
hard
（一生懸命に）

❷ /əː(r)/
heard
（〜を聞いた）

**演習**

**1** 音声を聞いて、読み上げられた語を選びなさい。 TRACK 036

① James ( ⑦ heart / ⑦ hurt ) his elbow playing tennis.

② I'm so tired that I can't walk any ( ⑦ father / ⑦ further ).

③ Sarah wants to run a ( ⑦ farm / ⑦ firm ) in the future.

④ Do you ( ⑦ star / ⑦ stir ) your drink clockwise or counterclockwise?

⑤ I've been working ( ⑦ hard / ⑦ heard ) to make my dream come true.

| ① | ② | ③ |
|---|---|---|
| | | |

| ④ | ⑤ |
|---|---|
| | |

**2** 音声を聞いて、読み上げられた語を選びなさい。 TRACK 037

① ⑦ heart / ⑦ hurt    ② ⑦ carve / ⑦ curve

| ① | ② |
|---|---|
| | |

**3** 音声を聞いて空所を埋め、英文を完成させなさい。 TRACK 038

① My aunt bought a new _____ because she _____ her leg.

| ① | |
|---|---|
| | |

② _____ the soup to release the heat or you will _____ your mouth.

| ② | |
|---|---|
| | |

③ Don't go too _____. Your _____ will come back soon.

| ③ | |
|---|---|
| | |

④ The _____ English _____ I learned was "apple".

| ④ | |
|---|---|
| | |

⑤ I need to _____ money because I've decided to go on a _____.

| ⑤ | |
|---|---|
| | |

✔ CHECK
**12講で学んだこと**

□ 「あー」に関する音は /ɑː(r)/ と /əː(r)/ がある
□ /ɑː(r)/ は口を大きく開け、最後に舌をそらせて出される音
□ /əː(r)/ は口がぽかんと半開きで、最後に舌をそらせて出される音

**13講** /i/ と /i:/ の違いを聞き取れるようになる

# 「い」の聞き取り

▶ ここからはじめる　「い」に関係する /i/ と /i:/ の音の出されかた、そしてその違いについて学習します。この2つの音は別の音なので、/i/ を長く発音しても /i:/ の音にはならないことがポイントです。

今回は /i/[/ɪ/] と /i:/ という、「い」に近い**母音**について学習します。

## POINT 1 /i/ は「い」と「え」の中間の音のイメージ

/i/ は、「い」と「え」の中間の音のイメージです。**11講**の /e/ との区別に注意しましょう。

| 発音 | ■ 口の中 ▶ 指が1本入るくらい口を開ける |
| | ■ 口のカタチ ▶ 口を横に引っ張って「え」の口を作り「い」と出される |

## POINT 2 /i:/ は口を横に引っ張って発音されるはっきりした「い」の音

/i:/ は、日本語の「いー」に近い音で、先ほどの /i/ よりも口を横に引っ張って発音されます。

| 発音 | ■ 口の中 ▶ 口はあまり開けない |
| | ■ 口のカタチ ▶ 口を /i/ よりも強く横に引っ張って「いー」と出される |

## POINT 3 音声を聞いて違いを確認する 🔊 TRACK 039

/i/ は「い」と「え」の中間のように聞こえ、また /i:/ は /i/ よりもややはっきり（長く）聞こえます。

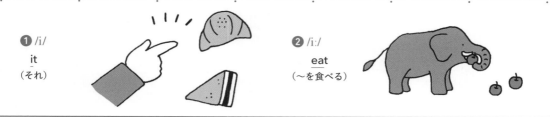

❶ /i/
it
（それ）

❷ /i:/
eat
（〜を食べる）

 /i/ と /i:/ は「長さが違う同じ音」ではなく、「発音方法が異なる別の2つの音」です。it を長く「イーッ（ト）」と言っても eat と同じ発音にはなりません。

## 演習

**1** 音声を聞いて、読み上げられた語を選びなさい。 🔊 TRACK 040

① We'll ( ⑦ ship / ④ sheep ) the item you purchased by tomorrow.

② This medicine will help ( ⑦ is / ④ ease ) your pain.

③ Please have a ( ⑦ sit / ④ seat ) here.

④ The room was ( ⑦ filled / ④ field ) with sweet smelling flowers.

⑤ Try to keep your room ( ⑦ knit / ④ neat ) and tidy all the time.

| ① | ② | ③ |
|---|---|---|
| | | |

| ④ | ⑤ |
|---|---|
| | |

**2** 音声を聞いて、読み上げられた語を選びなさい。 🔊 TRACK 041

① ⑦ chip / ④ cheap    ② ⑦ still / ④ steal

| ① | ② |
|---|---|
| | |

**3** 音声を聞いて空所を埋め、英文を完成させなさい。 🔊 TRACK 042

① These shoes _____ me perfectly and my _____ feel comfortable.

| ① | |
|---|---|
| | |

② _____ been _____ since last Monday.

| ② | |
|---|---|
| | |

③ We'll _____ the top of the _____ by noon.

| ③ | |
|---|---|
| | |

④ Don't _____ any snacks before a _____.

| ④ | |
|---|---|
| | |

⑤ Is Sam _____ _____ professional advice on that matter?

| ⑤ | |
|---|---|
| | |

✔ CHECK
**13講で学んだこと**

□ 「い」に関する音は /i/ と /iː/ がある
□ /i/ は「い」と「え」の中間の音
□ /iː/ は口を横に引っ張って出されるはっきりした(長い)音

**14講** /u/ と /u:/ の違いを聞き取れるようになる

# 「う」の聞き取り

▶ ここからはじめる　/i/ と /i:/ と同じように、今回の2つの「う」である /u/ と /u:/ も同じ音の短・長ではありません。「:」がついているときの音の特徴がここでもポイントになりますよ。

今回は **/u/**[/ʊ/] と **/u:/** という、「う」に近い**母音**について学習します。

## POINT 1 /u/ は「う」、または「う」と「お」の間の音のイメージ

/u/ は、日本語の「う」より**唇を少し強く丸めて**出されます。「う」または「う」と「お」の中間の音に聞こえることが多いです。

| 発音 | | |
|---|---|---|
| **口の中** | 口を軽く開けて空間を作る | |
| **口のカタチ** | 唇を軽く丸めて「う」の口を作り「お」と出される |  |

 スペルとしては主に u や oo があてられることが多いです。oo を含む hood /húd/「フッド」や wool /wúl/「ウール」などは日本語では「フード」や「ウール」(羊毛)のようにのばされた音になっていることがあります。

## POINT 2 /u:/ は「う」よりも唇を丸めて出される

/u:/ は、「:」がついているのでよりはっきりした(長い)音になります。「う」よりも**強く唇を丸めて発音**されます。

| 発音 | | |
|---|---|---|
| **口の中** | 口を軽く開けて空間を作る | |
| **口のカタチ** | 「う」よりも強く唇を丸めて「うー」と出される |  |

 /u/ と /u:/ は長さが違う同じ音ではなく、発音方法が異なる違う音だと理解しておきましょう。

## POINT 3 音声を聞いて違いを確認する 🔊 TRACK 043

/u/ は「う」または「う」と「お」の中間の音、/u:/ はややはっきりした長い音に聞こえます。

❶ /u/
pull
(〜を引く)

❷ /u:/
pool
(プール)

**1** 音声を聞いて、読み上げられた語を選びなさい。 🔊 TRACK 044

① （ ㋐ Look ／ ㋑ Luke ）, what a cute puppy!

② Can you （ ㋐ pull ／ ㋑ pool ） the chair forward a little?

③ Don't make a （ ㋐ full ／ ㋑ fool ） of another person.

| ① | ② | ③ |
|---|---|---|
|   |   |   |

**2** 音声を聞いて、読み上げられた語を選びなさい。 🔊 TRACK 045

① ㋐ hood ／ ㋑ who'd    ② ㋐ soot ／ ㋑ suit

| ① | ② |
|---|---|
|   |   |

**3** 音声を聞いて空所を埋め、英文を完成させなさい。 🔊 TRACK 046

① My father is a _____ _____.

| ① | |
|---|---|
|   |   |

② _____ believe that you wrote that _____?

| ② | |
|---|---|
|   |   |

③ Excuse me, I'm _____ for winter _____.

| ③ | |
|---|---|
|   |   |

④ This _____ _____ looks great on you!

| ④ | |
|---|---|
|   |   |

⑤ _____ you _____ these items in separate bags?

| ⑤ | |
|---|---|
|   |   |

⑥ Blueberries are the only naturally _____ _____.

| ⑥ | |
|---|---|
|   |   |

⑦ The _____ are _____ of danger.

| ⑦ | |
|---|---|
|   |   |

✓ CHECK
14講で学んだこと

□「う」に関する音は /u/ と /uː/ がある
□ /u/ は「う」または「う」と「お」の中間の音
□ /uː/ は「う」よりも唇を強く丸めて出される音

**15講** /ɔː/ と /ou/ の違いを聞き取れるようになる

# 「おー」の聞き取り

▶ ここからはじめる 「おー」に関する2つの母音について学習しましょう。/ɔː/のほうが「おー」に近く、/ou/は「おぅ」と発音されるというイメージを持っておくと違いがわかりやすいですよ。

今回は**/ɔː/** と **/ou/**[/oʊ/]という、「おー」に近い**母音**について学習します。

## POINT 1 /ɔː/は口を大きく開けて「おー」と出される

/ɔː/は、日本語の「おー」に近い音ですが、「おー」よりも**口を大きく開けて**発音されます。「あー」にやや近い響きを持った「おー」のイメージです。

| 発音 | | |
|---|---|---|
| **口の中** | 指が縦に2.5本入るくらい空間を作る |  |
| **口のカタチ** | 唇はやや丸めつき出して「おー」と出される | |

## POINT 2 /ou/は「お」に「ぅ」を添えるイメージ

/ou/は、/o/の音が出された後に/u/の音が続き「おぅ」と発音されます。このように**2つの母音がくっついた音**を二重母音と呼びます。/o/は日本語の「お」と近く、/u/は日本語の「う」よりも唇を突き出して発音されるイメージです。

| 発音 | | |
|---|---|---|
| **口の中** | 「お」よりもやや口を狭く開ける |  |
| **口のカタチ** | 唇は軽く丸めて「お」と出される | |
| ↓ | | |
| **口の中** | 先ほどよりも口を狭くする | |
| **口のカタチ** | 「う」よりも少し唇を突き出して「う」と出される | |

 二重母音は「お」「う」のように2つの音が同じ強さで発音されるわけではありません。1つ目の音は強く、2つ目の音は弱くしてつなげて滑らかに発音されます。

## POINT 3 音声を聞いて違いを確認する 🔊 TRACK 047

/ɔː/は「おー」に聞こえる1つの音ですが、/ou/は途中で音が変わる（「おぅ」のように2つの音が連なった音）ということを感じてみましょう。

❶ /ɔː/
ball
（ボール）

❷ /ou/
bowl
（お椀）

演習

**1** 音声を聞いて、読み上げられた語を選びなさい。 🔊 TRACK 048

① My father ( ⑦ bought / ④ boat ) me a smartphone for my birthday.

② Can you pass me the ( ⑦ ball / ④ bowl ) over there?

③ My dog ( ⑦ walk / ④ woke ) me up at midnight last night.

④ I might have a ( ⑦ called / ④ cold ).

⑤ Your shirt is ( ⑦ torn / ④ tone ). What happened?

| ① | ② | ③ |
|---|---|---|
|   |   |   |

| ④ | ⑤ |
|---|---|
|   |   |

**2** 音声を聞いて、読み上げられた語を選びなさい。 🔊 TRACK 049

① ⑦ law / ④ low　　② ⑦ saw / ④ sew

| ① | ② |
|---|---|
|   |   |

**3** 音声を聞いて空所を埋め、英文を完成させなさい。 🔊 TRACK 050

① Please hang your _____ on a rack in the _____.

| ① | |
|---|---|
|   |   |

② I _____ feel like _____ to the _____.

| ② | | |
|---|---|---|
|   |   |   |

③ Can you teach me how to _____ up a _____ in a sweater?

| ③ | |
|---|---|
|   |   |

④ I'm _____ to _____ to the dentist today.

| ④ | |
|---|---|
|   |   |

⑤ We went to the _____ three days in a _____.

| ⑤ | |
|---|---|
|   |   |

✔ CHECK
**15講で学んだこと**

□ 「おー」に関係する音は /ɔː/ と /ou/ がある
□ /ɔː/ は口を大きく開けて「おー」と出される音
□ /ou/ は「お」の後に「ぅ」が添えられる音
□ 二重母音は1つ目の音のほうが強く出される

**16講** 英語と日本語の音声の違いを知る

# 英語と日本語の違い①

▶ ここからはじめる　英語と日本語の違いと言えば、どんなことを思い浮かべますか？ 使用する文字や語順の違いなどがわかりやすい違いの例ですが、音声に関しても多くの違いがあります。英語の音声の特徴を知り、リスニングにも活かしていきましょう。

英語と日本語の音声に関する違いとして、特に気をつけるべきことに**音の単位（カタマリ）**、**アクセント**、**リズム**などがあります。まずは最初の2点について学習します。

## POINT 1 英語では子音＋母音＋子音が基本的な音のカタマリを作る 🔊 TRACK 051

**母音を中心とした音のカタマリを音節と呼びます**。1回手をたたく間に発音されるカタマリが1つの音節だとイメージしましょう。英語は子音＋母音＋子音で1つの音節が作られますが、日本語は子音＋母音で1つの音節が作られます。この違いに気をつけると、英語らしい発音に近づきます。

| 英語の音のカタマリ | 日本語の音のカタマリ |
|---|---|
| **子音＋母音＋子音**が多い<br>（子音が前後にないことや、子音が母音の前後に3つ重なることもある） | **子音＋母音**が基本 |
| 例<br>school　/skú:l/　1音節<br>★タン（手をたたくイメージ）<br>mu･sic　/mjú:zik/　2音節<br>★タン・タン | 例<br>スクール　4音節<br>★タン・タン・タン・タン<br>ミュージック　5音節<br>★タン・タン・タン・タン・タン |

## POINT 2 英単語は「どこを強く読むか」で区別される 🔊 TRACK 052

英語は強弱の**アクセント（強勢）**をどこに置くか、つまり**どこを強く読むか、弱く読むか**で単語の区別をつけ、日本語はどこを高く読むか、低く読むかで単語の区別をつけています。**英語のアクセントは母音に置かれます**。

| 英語のアクセント | 日本語のアクセント |
|---|---|
| **強弱**で区別 | **高低**で区別 |
| 例<br>**im**port　名 輸入<br>● ・<br>im**port**　動 〜を輸入する<br>・ ● | 例<br>あめ（雨）<br>あめ（飴） |

　辞書で単語を調べるとre･portのように「･」が入っていることがあります。この「･」で区切られているカタマリが音節です。発音が苦手な単語は、音節ごとに区切って練習→くっつけて練習のようにしてみるとやりやすいですよ！

演習

**1** 次の語彙のアクセントがどこに置かれるか選びなさい。また音声を聞き、アクセントの位置を確認しなさい。 🔊 TRACK 053

① ho ・ tel
   ㋐   ㋑

② ca ・ reer
   ㋐   ㋑

③ dif ・ fer
   ㋐   ㋑

④ al ・ low
   ㋐   ㋑

⑤ oc ・ cur
   ㋐   ㋑

⑥ es ・ sen ・ tial
   ㋐   ㋑   ㋒

⑦ con ・ cen ・ trate
   ㋐   ㋑   ㋒

⑧ or ・ gan ・ ize
   ㋐   ㋑   ㋒

⑨ em ・ ploy ・ ee
   ㋐   ㋑   ㋒

⑩ at ・ mos ・ phere
   ㋐   ㋑   ㋒

⑪ de ・ moc ・ ra ・ cy
   ㋐   ㋑   ㋒   ㋓

⑫ dem ・ o ・ crat ・ ic
   ㋐   ㋑   ㋒   ㋓

⑬ in ・ for ・ ma ・ tion
   ㋐   ㋑   ㋒   ㋓

⑭ com ・ fort ・ a ・ ble
   ㋐   ㋑   ㋒   ㋓

⑮ en ・ thu ・ si ・ asm
   ㋐   ㋑   ㋒   ㋓

| ① | ② | ③ |
| --- | --- | --- |
| ④ | ⑤ | ⑥ |
| ⑦ | ⑧ | ⑨ |
| ⑩ | ⑪ | ⑫ |
| ⑬ | ⑭ | ⑮ |

 アクセントの位置はとても大事！単語を覚えるときはスペル・意味・品詞だけではなく、聞いたときにもわかるように、発音・アクセントの位置も覚えるようにしよう。

 ✔ CHECK
**16講で学んだこと**

☐ 母音を中心としたカタマリを音節という
☐ 英語の音節は子音＋母音＋子音で作る
☐ 日本語の音節は基本的に母音で終わる
☐ 英語は強弱、日本語は高低で単語同士の区別をつける

**17講** 英語らしいリズムを知る

# 英語と日本語の違い 2

▶ ここからはじめる　16講で単語のアクセントについて学習しましたが、同じように1文の中にも強く読まれる部分と弱く読まれる部分があります。この強弱によってうまれるリズムを意識することで聞き取りやすくなります。

英語と日本語の音声に関する違いの最後、リズムについて学習します。英語には単語の中だけでなく**1文の中にも強弱によってうまれるリズム**があり、基本的には**内容語**と呼ばれる語が**強く**読まれ、**機能語**と呼ばれる語が**弱く**読まれます。

 音読や話したりするときにも単語中・文中の強弱のリズムを意識すると、とても英語らしくなりますよ。

## POINT 1 重要な情報を伝えている語（内容語）は強く読まれる

以下のような語は、文の中で**重要な情報を伝達している語（内容語）**なので、強く読まれます。

| ❶ | 名詞 | 例 book, dog, library .... | ❻ | 数詞 | 例 one, ten, fifth .... |
|---|---|---|---|---|---|
| ❷ | 一般動詞 | 例 study, walk, play .... | ❺ | 指示代名詞 | 例 this, that, these .... |
| ❸ | 形容詞 | 例 good, sad, happy .... | ❼ | 疑問詞・感嘆詞 | 例 how, what, who .... |
| ❹ | 副詞 | 例 fast, very, again .... | ❽ | 否定語 | 例 not, no, never .... |

## POINT 2 文を組み立てる役割の語（機能語）は弱く読まれることが多い

以下のような語は、文を組み立てるために必要な語（機能語）ですが、**重要な情報を伝達していないため弱く読まれたり、内容語とまとめて読まれたりすることが多いです**。逆に、これらの語が強く読まれるときは、重要な情報を含んでいることになります。

| ❶ | 冠詞 | 例 a, an, the | ❺ | 関係詞 | 例 who, which, whose .... |
|---|---|---|---|---|---|
| ❷ | 前置詞 | 例 of, in, at .... | ❻ | 人称代名詞 | 例 you, us, their .... |
| ❸ | 接続詞 | 例 and, as, that .... | ❼ | be動詞 | 例 am, is, were .... |
| ❹ | 助動詞 | 例 can, must, will .... | | | |

## POINT 3 音声を聞いて強弱によってうまれるリズムを確認する 🔊 TRACK 054

以下の英文の**強く読まれる語はbuyとwater**です。弱く読まれる語が増えてもリズムは変わらないため、3つとも全て同じようなリズムで読まれています。

**例文**

I **buy water**.　　訳 私は水を買います。
・　●　●

I will **buy water**.　　訳 私は水を買います。
・　・　●　●

I will **buy** some **water**.　　訳 私はいくらか水を買います。
・　・　●　・　●

演習

**1** 次の英文を聞き、強く読まれたところに下線を引きなさい。 🔊 TRACK 055

① Jane will study chemistry at university.

② My mother has been playing the violin for ten years.

③ "Where is my smartphone?" "It's not on the table."

**2** 次の英文の内容語に下線を引きなさい。また実際に聞き、下線を引いたところが強く読まれたか確認しなさい。 🔊 TRACK 056

① I think that David is older than us.

② It's kind of you to help me with my homework.

③ This is the picture that Sam painted yesterday.

④ I'll have a cup of coffee after dinner.

**3** 音声を聞いて空所を埋め、英文を完成させなさい。 🔊 TRACK 057

① There are some _____ who are _____ of _____.

| ① | | |
|---|---|---|
| | | |

② He can _____ English so _____ that people _____ him for an _____.

| ② | |
|---|---|
| | |
| | |

✔ CHECK
**17講で学んだこと**

☐ 英語には1文中にも強弱がある
☐ 内容語は強く読まれる
☐ 機能語は弱く読まれる

**18講** 肯定文と否定文を聞き分ける

# 肯定文と否定文

▶ ここからはじめる この講では肯定文と否定文の聞き分けについてフォーカスします。「そんなの簡単だよ！ not があれば否定でしょ？」と思うかもしれませんが、聞き分けるのは意外と難しいものです。聞き分けのコツをつかみましょう。

do not、will not、is not のように否定語 not が助動詞や be 動詞などと分けて読み上げられた場合、否定文だとわかりやすいです。ところが、実際には**否定語 not は助動詞や be 動詞などとくっついて don't、won't、isn't のように読み上げられる**ことが多く、肯定文との聞き分けが難しくなります。聞き取りのポイントとなるのは、ここでもやはり強弱です。

## POINT 1 肯定文中の助動詞は通常弱く読まれる 🔊 TRACK 058

肯定文では、**助動詞や be 動詞**などは**弱く**読まれます。

> **例文**
>
> I can **see** you **clearly** from **here**.
> ・　・　　　・　　　・・　　　・
>
> 訳 ここからあなたの姿はよく見えます。
>
> ※肯定文中の can は、弱く読まれて /kən/「カン」や /kn/「クン」のように聞こえます。

## POINT 2 否定文中では助動詞でも強く読まれる 🔊 TRACK 059

don't のような短縮形を用いた否定文では、**-n't の部分ははっきりと読み上げられない**ことが多いです。したがって、-n't ではなく**強弱のリズム**に注目しましょう。助動詞・be 動詞は機能語ですが、否定の場合は重要な情報を含むことになるので、強く読まれます。

> **例文**
>
> I **can't see** you **clearly** from **here**.
> ・　●　●　　●　　●・　　●
>
> 訳 ここからあなたの姿はよく見えません。
>
> ※否定文中の can は、強く読まれて /kænt/「ケァン（ト）」のように聞こえます。

 can't は 🇺🇸（アメリカ英語）では「ケァン（ト）」、🇬🇧（イギリス英語）では「カーン（ト）」のように聞こえます。

## POINT 3 音声を聞いて違いを確認する 🔊 TRACK 060

肯定文では was は**弱く**読まれていますが、**否定文では wasn't が強く**読まれています。強く読まれると、その分ややゆっくりめ・長めに聞こえます。

> **例文**
>
> **Steve** was **late** for the **meeting**.　　訳 スティーヴは会議に遅れました。
>
> **Steve wasn't late** for the **meeting**.　　訳 スティーヴは会議に遅れませんでした。
> ●　　●　　●　　●・　　・　　●
>
> ※was より wasn't のほうがはっきり聞こえます。

演 習

**1** 音声を聞いて、読み上げられた語を選びなさい。 🔊 TRACK 061

① I heard that his daughter ( ⑦ is / ⑦ isn't ) a high school student.

I heard that his daughter ( ⑦ is / ⑦ isn't ) a high school student.

② My friend told me that I ( ⑦ should / ⑦ shouldn't ) text him.

My friend told me that I ( ⑦ should / ⑦ shouldn't ) text him.

③ The students ( ⑦ were / ⑦ weren't ) interested in politics.

The students ( ⑦ were / ⑦ weren't ) interested in politics.

| ① | | ② | | ③ | |
|---|---|---|---|---|---|
| | | | | | |

**2** 音声を聞いて、読み上げられた語を選びなさい。 🔊 TRACK 062

① I'm sure you ( ⑦ can / ⑦ can't ) finish the job on time.

② I'm sure he ( ⑦ can / ⑦ can't ) wait to meet you.

③ My mother told me that I ( ⑦ must / ⑦ mustn't ) keep my word.

④ Lily said that she ( ⑦ would / ⑦ wouldn't ) be able to make it to the party.

⑤ I ( ⑦ have / ⑦ haven't ) got to leave here by noon.

| ① | ② | ③ |
|---|---|---|
| | | |

| ④ | ⑤ |
|---|---|
| | |

**3** 音声を聞いて空所を埋め、英文を完成させなさい。 🔊 TRACK 063

① It _____ be long before we _____ travel to the moon.

| ① | |
|---|---|
| | |

② I _____ say nothing because I _____ know what to do.

| ② | |
|---|---|
| | |

③ Tim _____ certain if he _____ met the man before.

| ③ | |
|---|---|
| | |

✔ CHECK
18講で学んだこと

☐ 肯定文では助動詞・be動詞は弱く読まれる
☐ 否定文では助動詞・be動詞は強く読まれる
☐ 強く読まれると、ゆっくりめ・長めに聞こえる

**19講**　音のつながりを意識する

# つながって聞こえる音

▶ ここからはじめる　リスニングが難しく感じる理由の1つに、「単語の切れ目がわからない」ということがあるのではないでしょうか。英語では1単語ずつはっきりと読み上げられることは少ないため、パターンを理解し対策しましょう。

英語では**単語の最後の音と次の単語の最初の音**など、**2つの音がつながって聞こえる**ことがあります（音の連結）。

## POINT 1 子音と母音はつながって聞こえることが多い 🔊 TRACK 064

**単語の最後の子音と次の単語の最初の母音がつながる**ことが多く、書かれたときの切れ目と実際に読み上げられたときの切れ目がズレて感じられるため、注意が必要です。

> 例文　The train will **come in** at platform eleven.
> 　　　　　　　　　　カミン
> 　訳　電車は11番線に入ってきます。
> 　　　※ come と in がつながって「カミン」のように聞こえます。

 このように子音と母音がつながって聞こえることはとても多いです。
普段から意識すると定着しやすくなるので、音読する際にもやってみましょう。

## POINT 2 母音と母音がつながって聞こえることもある 🔊 TRACK 065

**単語の最後の母音と次の単語の最初の母音もつながる**ことがあるため、2語以上の単語がまるで1単語のようにまとめて読まれることがあります。

> 例文　I don't want to **go out** tonight.
> 　　　　　　　　　　　　ゴゥワゥ（ト）
> 　訳　今晩は出かけたくないな。
> 　　　※ go と out がつながり、「ゴゥワゥ（ト）」と /w/ の音が入って聞こえます。
>
> 　　　**I understand** what you're saying.
> 　アィヤンダステァン（ド）
> 　訳　あなたが言っていることはわかるよ。
> 　　　※ I と understand がつながり、「アィヤンダステァン（ド）」と /j/ の音が入って聞こえます。

**演習**

**1** 音声を聞いて空所を埋め、英文を完成させなさい。 🔊 TRACK 066

① I bought _____ _____ at the supermarket.

| ① | |
|---|---|
| | |

② You should _____ _____ the assignment by tomorrow.

| ② | |
|---|---|
| | |

③ Why don't you _____ _____ _____ in a dictionary?

| ③ | | |
|---|---|---|
| | | |

④ Please _____ _____ _____ here.

| ④ | | |
|---|---|---|
| | | |

⑤ _____ _____ _____ use this pen.

| ⑤ | | |
|---|---|---|
| | | |

**2** 音声を聞いて空所を埋め、英文を完成させなさい。空所には2語以上入ります。 🔊 TRACK 067

① _____ use your smartphone?

| ① |
|---|
| |

② "Thank you for your help." "Oh, _____."

| ② |
|---|
| |

③ The building _____ against the sky.

| ③ |
|---|
| |

④ Let's _____ here.

| ④ |
|---|
| |

⑤ I want to know how to _____ properly.

| ⑤ |
|---|
| |

 ✔ CHECK
19講で学んだこと

☐ 単語の最後の音と次の単語の最初の音はつながることがある
☐ 子音＋母音はつながることがある
☐ 母音＋母音もつながって/w/や/j/の音が入ることがある

**20講**　消える音を意識する

# はっきり聞こえない音 ①

▶ ここからはじめる　「音がつながって聞こえる」ことに加えて、「読み上げられると思っていた音が読まれない」ということもリスニングを難しく感じさせる原因の1つでしょう。今回はこの「聞こえない」にフォーカスします。

good dayのように、**同じ子音や発音する際の舌の位置などが似た子音が続いているとき**、「グッド ディ」ではなく「グッディ」のように**1つ目の音が消えてしまう**ことがよくあります（**音の脱落**）。

## POINT 1　同じ子音が重なると2つ目しか聞こえない 🔊 TRACK 068

**単語の最後の子音と次の単語の最初の子音が同じ音**である場合、1つ目の子音は消えてしまうことがよくあります。

> **例文**
>
> You should **stop playing** video games so much.
> 　　　　　スタップレイン
>
> 訳 そんなにテレビゲームをするのはやめたほうがいいよ。
>
> ※ stop playing は /p/ の音が重複しているので、2つ目の /p/ しか聞こえません。そのため、「ストップ プレイング」ではなく「スタップレイン」と聞こえます。

## POINT 2　発音方法が似ている子音が重なった場合も2つ目しか聞こえない 🔊 TRACK 069

**単語の最後の子音と次の単語の最初の子音の発音する際の舌の位置などが似ている**場合も、1つ目の子音が消えてしまうことが多いです。

> **例文**
>
> I think Mr. Smith is a **good teacher**.
> 　　　　　　　　　グッティーチャー
>
> 訳 スミスさんはいい先生だと思います。
>
> ※ good の /d/ と teacher の /t/ は発音方法が似ているので、2つ目の /t/ のみが聞こえます。そのため、「グッド ティーチャー」ではなく「グッティーチャー」と聞こえます。

**1** 音が聞こえないところを予想し下線を引きなさい。(例 want to) また実際に聞き、下線を引いたところが脱落して読まれたか確認しなさい。 🔊 TRACK 070

① I hope you're having a good time.

② I prefer the black car to the green one.

③ What time can we meet up?

④ Michael has been looking for a part-time job.

⑤ You look great in that red dress!

**2** 音声を聞いて空所を埋め、英文を完成させなさい。 🔊 TRACK 071

① I'll arrive at the hotel _____ _____.

| ① | |
|---|---|
| | |

② Can you _____ _____ my house this evening?

| ② | |
|---|---|
| | |

③ Would you like _____ _____ cookies?

| ③ | |
|---|---|
| | |

④ Ted _____ _____ with his brother last Sunday.

| ④ | |
|---|---|
| | |

⑤ You _____ _____ be too careful when you drive a car.

| ⑤ | |
|---|---|
| | |

⑥ Let's _____ _____ around ten in the morning.

| ⑥ | |
|---|---|
| | |

⑦ I took a _____ _____ off yesterday.

| ⑦ | |
|---|---|
| | |

✔ CHECK
**20講で学んだこと**

☐ 同じ子音が続くときに1つ目の子音が聞こえなくなる
☐ 発音方法が似た子音が続くときも1つ目の子音が聞こえなくなる

# 21講　消える音を意識する
# はっきり聞こえない音 ②

▶ ここからはじめる　今回も引き続き「聞こえない音」にフォーカスしましょう。単語の最後が特定の音で終わっている場合、聞き取りづらく、単語の区別が難しく感じることがあります。

単語の最後が**特定の音で終わる**と、**聞こえづらい場合**があります。

## POINT 1　単語の最後の破裂音ははっきり聞こえない 🔊 TRACK 072

**息を破裂させて出す音（破裂音）である /p b t d k g/ は、単語の最後にあると聞こえづらくなります。**単語の最後の破裂音は、破裂させるために改めて息を吸いなおさないため、残った息が弱く「ッ」と漏れるかその音の分の間が感じられるだけで、**ほとんど音が聞こえなくなります。**内容や文法を頼りに補って聞き取るようにしましょう。

単語の最後の子音を意識しながら、以下の単語を聞いてみましょう。

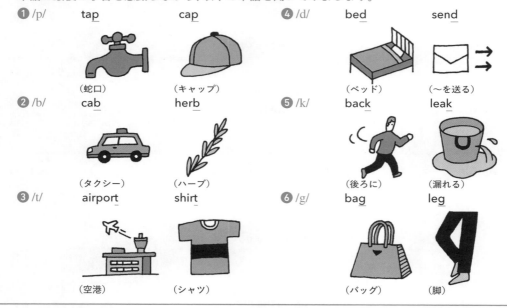

❶ /p/　　tap　　　cap
　　　　（蛇口）　　（キャップ）

❷ /b/　　cab　　　herb
　　　　（タクシー）　（ハーブ）

❸ /t/　　airport　shirt
　　　　（空港）　　（シャツ）

❹ /d/　　bed　　　send
　　　　（ベッド）　　（〜を送る）

❺ /k/　　back　　　leak
　　　　（後ろに）　（漏れる）

❻ /g/　　bag　　　leg
　　　　（バッグ）　　（脚）

 herb は 🇺🇸 では「アー（ブ）」、🇬🇧 では「ハー（ブ）」と発音されます。

例題

❶　次の英文を聞いて空所を埋め、英文を完成させなさい。 🔊 TRACK 073
　① I'll borrow a ＿＿＿＿＿＿＿＿ from the city library.

　　①

▌解説　book /búk/ は破裂音 /k/ で終わっているので、最後の /k/ ははっきり聞こえません。そのため、「ブック」ではなく、「ブッ（ク）」や「ブ（ク）」のように聞こえます。

例題の解答 ❶　① book（訳 私は市立図書館から本を借ります。）

**演習**

**1** 音声を聞いて空所を埋め、英文を完成させなさい。 🔊 TRACK 074

① I'll borrow a _____ from the city library.

　①

② How do I look in this _____?

　②

③ Can you get a _____ of chips on your way home?

　③

④ Rachel _____ the piano with her mother after dinner.

　④

⑤ This skirt was _____ because it was on sale.

　⑤

⑥ I'm going to have a _____ interview this Thursday.

　⑥

⑦ Don't worry. I'll do _____ for you.

　⑦

**2** 音声を聞いて空所を埋め、英文を完成させなさい。空所には2語以上入ります。 🔊 TRACK 075

① What time can you _____?

　①

② Can you give me something to drink? Just _____ is fine.

　②

③ I _____ all these words in a day.

　③

④ I've never seen such a _____.

　④

⑤ English is my _____.

　⑤

⑥ Why don't we _____ of coffee?

　⑥

✔ CHECK
21講で学んだこと

□ / p b t d k g / は単語の最後にあると聞き取りづらい
□ / p b t d k g / は内容や文法を頼りに聞き取るようにする

**22講**　人称代名詞の音の脱落を意識する

# はっきり聞こえない音③

▶ ここからはじめる　「聞こえない音」シリーズ3つ目として人称代名詞（he「彼は」、she「彼女は」、they「彼らは、彼女らは、それらは」）を扱います。どこが難しいの？と思うかもしれませんが、実はリスニングでは難しく感じられることも多いんです。

he / she / they のような**人称代名詞**は、**最初の音が聞こえなくなる**ことが多く、聞き取りが難しく感じられます。特に会話文形式の場合、聞こえなくなることが多いので気をつけましょう。

## POINT 1　人称代名詞のhとthははっきり聞こえないことが多い 🔊TRACK 076

**人称代名詞の最初の音は**はっきりと**聞こえないことが多い**です。特にheの所有格**his** – 目的格**him**とsheの所有格**her** – 目的格**her**のh /h/、theyの所有格**their** – 目的格**them**のth /ð/は**はっきり聞こえないことが多い**ので注意しましょう。

| 代名詞 | 発音記号 | 強調されているときの発音 | 自然な読み上げ内での（弱い）発音 | かなり速い読み上げ内での発音 |
|---|---|---|---|---|
| he | /híː/ | ヒー | ヒ /hí/ | イ /i/ |
| his | /híz/ | ヒズ | イズ /íz/ | |
| him | /hím/ | ヒム | イム /ím/ | ム /m/ |
| she | /ʃíː/ | シー | シ /ʃí/ | |
| her | /háː(r)/ | ハー | アー /áː(r)/ | ア /ə/ |
| them | /ðém/ | ゼム | エム /ém/ | ム /m/ |
| you | /júː/ | ユー | ユ /júː/ | ユ[ヤ] /jə/ |

 hisとisやhe is、herと「〜する人」を表す接尾語 -erの区別をつけるのが難しいと感じやすいです。実際に音を聞いてみましょう！

## POINT 2　音声を聞いて違いを確認する 🔊TRACK 077

help her と helper は書かれていると容易に区別がつきますが、読み上げられると難しく感じられることも多いです。音だけを拾うのではなく、文法知識を使って補うことや内容を理解することを意識しましょう。

| 例文 | Would you **help her** with her work? |
|---|---|

　　　　　　　ヘルパー

🈂 彼女の仕事を手伝っていただけますか。

※herの /h/ が聞こえなくなり、「ヘルプ ハー」ではなく「ヘルパー」のように聞こえます。

She worked as a **helper** for a year.
　　　　　　　　　ヘルパー

🈂 彼女はヘルパーとして1年間働きました。

 h /h/ や th /ð/ の音が消えるだけでなく、前の単語の最後の音とつながったりすることが多いです。

演 習

**1** 音声を聞いて空所を埋め、英文を完成させなさい。 🔊 TRACK 078

① Mr. Johnson asked _____ to open the window.

　①

② Please tell _____ that I will attend the farewell party.

　②

③ I have never met _____ before.

　③

④ What does _____ look like?

　④

⑤ I've known _____ since we were high school students.

　⑤

⑥ Which one is _____ car?

　⑥

**2** 音声を聞いて空所を埋め、英文を完成させなさい。空所には2語以上入ります。 🔊 TRACK 079

① I think _____ busy cleaning his office.

　①

② What _____ say?

　②

③ He is such a nice guy!  I _____ a lot.

　③

④ I think she is _____ studying.

　④

⑤ I _____ flowers on my way.

　⑤

⑥ I _____ very helpful.

　⑥

✔ CHECK
**22講で学んだこと**

☐ his / him の h、her の h、their / them の th は聞こえないことが多い
☐ his と is、her と -er の区別に気をつける

Chapter **3**

音のつながりを知ろう ── **22講** ▼ はっきり聞こえない音③

# 23講 音の同化を意識する
# 混ざりあう音

▶ ここからはじめる 単語と単語はバラバラに読み上げられるのではなく、つなげて読まれたり、条件によっては音が消えたりすることを学んできました。今回は2つの音が混ざりあって別の音に聞こえるという現象について学習しましょう。

Could you は「クッド　ユー」ではなく「ク(ッ)ヂュ(ー)」と聞こえますが、このように2つの音が混ざりあって別の音になることはよくあります(**音の同化**)。ここでは、/j/(「**ゆ**」のような音)と混ざることで別の音になる音の変化について学習します。

## POINT 1 /s/ + /j/ は「しゅ」、/z/ + /j/ は「じゅ」になる 🔊 TRACK 080

/s/で終わる単語の後ろに /j/ で始まる単語が続くと /ʃ/「しゅ」、/z/で終わる単語の後ろに /j/ で始まる単語が続くと /ʒ/「じゅ」の音になりやすいです。

> **例文**
>
> I'll go to Canada **this year**.
> ディシャァ
> 訳 私は今年カナダに行きます。
> ※thisの /s/ と yearの /j/ が混ざって「ディス　イヤー」ではなく「ディシャァ」のように聞こえます。
>
> **As you** know, my brother is a teacher.
> アジュ(ー)
> 訳 君が知っているように、僕の兄は先生なんだ。
> ※asの /z/ と youの /j/ が混ざって「アズ　ユー」ではなく「アジュ(ー)」のように聞こえます。

## POINT 2 /t/ + /j/ は「ちゅ」、/d/ + /j/ は「ぢゅ」になる 🔊 TRACK 081

/t/で終わる単語の後ろに /j/ で始まる単語が続くと /tʃ/「ちゅ」、/d/で終わる単語の後ろに /j/ で始まる単語が続くと /dʒ/「ぢゅ」の音になりやすいです。

> **例文**
>
> Nice to **meet you**.　　　　　　　訳 はじめまして。
> ミーチュ(ー)
> ※meetの /t/ と youの /j/ が混ざって「ミート　ユー」ではなく「ミーチュ(ー)」のように聞こえます。
>
> **Could you** give me some advice?　訳 アドバイスをいただけますか？
> ク(ッ)ヂュ(ー)
> ※Couldの /d/ と youの /j/ が混ざって「ク(ッ)ド　ユー」ではなく「ク(ッ)ヂュ(ー)」のように聞こえます。

 /j/ の音で始まる単語の代表例は you /ju/ なので、単語がyouとつながるときにこのような音の変化が起こりやすいです。

**1** 音声を聞いて空所を埋め、英文を完成させなさい。 🔊 TRACK 082

① _____ _____ like carrots when you were little?

| ① | |
|---|---|
| | |

② I went to New York with my family _____ _____.

| ② | |
|---|---|
| | |

③ I'm terribly sorry to have _____ _____ waiting so long.

| ③ | |
|---|---|
| | |

④ Oliver was late for school, _____ _____.

| ④ | |
|---|---|
| | |

⑤ _____ _____ name?

| ⑤ | |
|---|---|
| | |

⑥ I've heard a lot _____ _____ from Sophia.

| ⑥ | |
|---|---|
| | |

⑦ I don't want to _____ _____ any trouble.

| ⑦ | |
|---|---|
| | |

⑧ James started learning how to play the guitar _____ _____.

| ⑧ | |
|---|---|
| | |

⑨ _____ _____ pass me the soy sauce?

| ⑨ | |
|---|---|
| | |

⑩ I _____ _____ to come to my office now.

| ⑩ | |
|---|---|
| | |

⑪ _____ _____ brother been to America as well?

| ⑪ | |
|---|---|
| | |

⑫ He has many faults, _____ _____ I like him very much.

| ⑫ | |
|---|---|
| | |

✔ CHECK
**23講で学んだこと**

☐ /s/ + /j/ は /ʃ/「しゅ」に、/z/ + /j/ は /ʒ/「じゅ」になる
☐ /t/ + /j/ は /tʃ/「ちゅ」に、/d/ + /j/ は /dʒ/「ぢゅ」になる

# 24講　アメリカ英語特有の音の変化を知る
# ら行に聞こえるt

▶ ここからはじめる　water は「ウォーター」だと思っていたのに、実際に聞いてみたら「ワラ」に聞こえた…という経験がある人はとても多いのではないでしょうか。アメリカ英語でよく起こるこの現象にフォーカスしてみましょう。

/t/ は発音するときに息を破裂させる必要があるので、エネルギーが必要です。そこで、省エネのために、息を破裂させず「ら」に近い音を用いることがあります（**フラッピング**）。

## POINT 1 /t/ は母音にはさまれると「ら」に聞こえることがある 🔊 TRACK 083

/t/ が母音にはさまれ、また /t/ の前にアクセントがある場合に「ら」に近い音または「だ」に近い音になることがあります。これはアメリカ英語特有の現象です。

| スペル | 予想している音 | 実際に聞こえる音 |
|---|---|---|
| better /bétər/ | ベター | ベラー |
| party /párti/ | パーティー | パーリ（ー） |
| water /wɔ́tər/ | ウォーター | ワラ、ウォラ |
| university /juːnəvə́ː(r)s(ə)ti/ | ユニバーシティー | ユニヴァーシリー |

 🇬🇧 の場合は、これらの単語も私たちが予想している音に近く聞こえることが多いので、聞き取りやすく感じるはずですよ。

## POINT 2 2単語にまたがっても /t/ は「ら」に聞こえることがある 🔊 TRACK 084

/t/ が母音にはさまれると「ら」や「だ」に似た音になるのは、単語の中だけではありません。単語の終わりが**母音＋/t/**で、次に続く単語が**母音**で始まっている場合も、「**ら**」や「**だ**」**に近い音**になることがあります。

| スペル | 予想している音 | 実際に聞こえる音 |
|---|---|---|
| shut up | シャット　アップ | シャラップ |
| check it out | チェック　イット　アウト | チェキラッ（ト） |
| let it go | レット　イット　ゴー | レリッ（ト）ゴゥ |
| not at all | ノット　アット　オール | ノッラッローゥ |

 その他にも、twenty /twénti/ や center /séntə(r)/ のように /nt/ となる場合、/t/ の音がなくなり「トゥウェニ」や「セナァ」のように聞こえるという 🇺🇸 特有の音の変化もあります。

**1** 音声を聞いて空所を埋め、英文を完成させなさい。 🔊 TRACK 085

① Olivia has such a _____ face.

> ①

② What's the _____ with you?

> ②

③ The situation isn't getting any _____.

> ③

④ There were more than _____ people at the _____.

> ④ | 

⑤ Can I have a glass of _____, please?

> ⑤

**2** 音声を聞いて空所を埋め、英文を完成させなさい。空所には2語以上入ります。 🔊 TRACK 086

① High school students need _____ sleep.

> ①

② _____ doing right now?

> ②

③ What time did you _____ this morning?

> ③

④ Don't forget _____ to you yesterday.

> ④

⑤ I want to go with you, _____ have to do my homework.

> ⑤

⑥ I hope my mom won't _____.

> ⑥

✔ CHECK
24講で学んだこと

☐ 母音 + /t/ + 母音の場合、/t/ が「ら」「だ」に聞こえることがある
☐ 2単語にまたがっても /t/ が「ら」「だ」のように聞こえることがある

**25講** カタカナ語に惑わされないようにする

# 注意すべきカタカナ語

▶ ここからはじめる この講ではカタカナ語を扱います。カタカナ語は一見便利なようですが、日本語化された結果、元の英単語の発音からはかけ離れてしまっているものも多いので要注意です。

英単語が日本語に入りカタカナ語として定着すると、**日本語の特徴を持つことになります**。英語では発音の仕方が違うことに注意しましょう。

## POINT 1 英単語がカタカナ語化すると、日本語の特徴を持つようになる 🔊 TRACK 087

英語の単語がカタカナ語として用いられるようになると、**子音の後ろに母音が加わって音節が増え、強弱のアクセントがなくなってしまい**、さらに子音・母音ともに日本語の近い音に変換されます。
例えば、ho・tel /houtél/「ホゥテゥ[ル]」(2音節)はホテル(3音節)に変わってしまいます。

| 元の英単語 | カタカナ語 |
|---|---|
| 強弱のアクセント<br>子音の後ろに必ずしも母音は入らない | 高低のアクセント<br>子音の後ろに母音が入れられる |
| 例<br>ho・tel /houtél/「ホゥテゥ[ル]」<br>2音節 | 例<br>**ホ**テル→<br>3音節 |
| ca・reer /kəríə(r)/「カリ(ー)ア」<br>2音節 | **キャ**リア→<br>3音節 |

 カタカナ語は、英語では発音の仕方が違うという意識を持つことが大切です。

## POINT 2 音声を聞いて正しい発音を確認する 🔊 TRACK 088

POINT 1 の特徴を踏まえ、正しい英語の発音を確認しましょう。

| カタカナ語 | スペル | 正しい発音 |
|---|---|---|
| エレベーター | el・e・va・tor | /éləveitər/　エレヴェィター |
| イメージ | im・age | /ímidʒ/　イミッジ |
| デリケート | del・i・cate | /délikət/　デリカッ(ト) |
| オーブン | ov・en | /ʌ́v(ə)n/　アヴン |
| ラベル | la・bel | /léib(ə)l/　レィベゥ[ル] |

発音だけではなく、意味も元々の英単語と変わってしまったものもあります。例えば、文句を言うという意味のクレームの元となっている英単語は **claim /kléim/**「クレィム」ですが、本来は(〜を**主張する、〜を要求する**)という意味です。カタカナ語になっている英単語は発音・アクセント・意味のすべてに注意が必要です。

 その他の気をつけるべきカタカナ語を解答のアドバイスに掲載しています。正しい発音・アクセント・意味を覚えましょう！

**演習**

**1** 次の語彙のアクセントがどこに置かれるか選びなさい。また音声を聞き、アクセントの位置と発音を確認しなさい。 🔊 TRACK 089

① tech ・ nique
　　ア　　　　イ

② vol ・ un ・ teer
　　ア　　イ　　ウ

③ el ・ e ・ va ・ tor
　　ア　イ　ウ　エ

④ per ・ cent ・ age
　　ア　　イ　　ウ

⑤ del ・ i ・ cate
　　ア　イ　ウ

⑥ al ・ co ・ hol
　　ア　イ　ウ

| ① | | ② | | ③ | |
|---|---|---|---|---|---|
| | | | | | |

| ④ | | ⑤ | | ⑥ | |
|---|---|---|---|---|---|
| | | | | | |

**2** 音声を聞いて空所を埋め、英文を完成させなさい。 🔊 TRACK 090

① Excuse me, where can I find ＿＿＿＿ ＿＿＿＿?

| ① | |
|---|---|
| | |

② This dark ＿＿＿＿ goes very well with ＿＿＿＿.

| ② | |
|---|---|
| | |

③ Would you like ＿＿＿＿ after the ＿＿＿＿?

| ③ | |
|---|---|
| | |

④ Emma started ＿＿＿＿ ＿＿＿＿ as a pianist.

| ④ | |
|---|---|
| | |

⑤ I want to buy a ＿＿＿＿ with a ＿＿＿＿.

| ⑤ | |
|---|---|
| | |

⑥ Put ＿＿＿＿ in the ＿＿＿＿ and roast them for 20 minutes.

| ⑥ | |
|---|---|
| | |

⑦ The ＿＿＿＿ says ＿＿＿＿ C.

| ⑦ | |
|---|---|
| | |

✔ CHECK
**25講で学んだこと**

□ カタカナ語化した英単語はアクセント・発音・意味に注意

# 26講　イラスト問題で重要な単複を聞き取る
# 名詞周辺（冠詞・単数・複数）

▶ ここからはじめる　イラスト問題などで、あるものが1つなのか、複数なのかがポイントとなることがあります。名詞単体の音だけで聞き取るのは難しいこともあるので、動詞のカタチや周辺の代名詞などを使って補うようにしましょう。

名詞には**数えられる名詞（可算名詞）**と**数えられない名詞（不可算名詞）**があり、**数えられる名詞**には**単数形**と**複数形**があります。周囲のカタチや音の特徴に注意しましょう。

## POINT 1　名詞が単数であることはa[an]や周囲のカタチで判断する

イラスト描写などで名詞が**単数形**で用いられる際は**a** /ə/、また母音の発音の前では**an** /ən/ がつき、**特定できる場合はthe** /ðə/「**ザ**」（**母音の前では** /ði/「**ズィ**」）がつきます。いずれも機能語であるため弱く短く読み上げられることに注意です。

> **例題**
>
> **1**　次の英文を聞いて空所を埋め、英文を完成させなさい。　🔊 TRACK 091
>
> ①　There is ＿＿＿＿＿＿＿＿ on the table.
>
> ①＿＿＿＿＿＿＿＿＿＿＿＿
>
> ----
>
> ▌**解説**　apple /ǽpl/ は発音が母音で始まるため an apple となりますが、an の最後の子音 /n/ とつながって「アナプゥ[ル]」のように聞こえます。**There is 名詞**のカタチから**空所にはa[an]＋名詞が入る**ことを踏まえて、つながって聞こえる音を2単語に分けましょう。

> 主語になっている名詞の単数・複数の判断には、be動詞と一般動詞の三単現の s の有無もヒントとして活用しましょう。

## POINT 2　名詞が複数であることは–sや周囲のカタチで判断する

名詞が**複数形**で用いられる際は**名詞+s**で表されます。この -s の発音は、**くっつく単語がどのような音で終わっているか**で変化します。例えば、shopのように**無声音**の場合は /s/「**ス**」、bagのように**有声音**の場合は /z/「**ズ**」、classのように**息を摩擦させて出す音**（/s, z, ʃ, ʒ, tʃ, dʒ/）の場合は /iz/「**イズ**」となります。これらの音だけでは複数形と聞き取るのは難しいこともあるので、名詞の周囲の**数詞**、**動詞**、**代名詞**などもヒントにして聞き取りましょう。

> **例題**
>
> **2**　次の英文を聞いて空所を埋め、英文を完成させなさい。　🔊 TRACK 092
>
> ①　I need to go to the dry cleaner to get ＿＿＿＿＿＿＿.
>
> ①＿＿＿＿＿＿＿＿＿＿＿＿
>
> ----
>
> ▌**解説**　空所にはgetの後ろの名詞（目的語）が入ります。そのため、聞こえた「ザ クロゥズ」は the clothes /klóu(ð)z/ であり、同じ発音の close /klóuz/（〜を閉じる）ではないことがわかります。また、**clothes は常に複数形**で用いられることも重要なヒントです。

**演 習**

**1** 音声を聞いて空所を埋め、英文を完成させなさい。 🔊 TRACK 093

① Tom is _____ _____.

| ① | |
|---|---|
| | |

② What is _____ _____ for being late again?

| ② | |
|---|---|
| | |

③ My sister has _____ _____.

| ③ | |
|---|---|
| | |

④ I sat in front of _____ _____ all day.

| ④ | |
|---|---|
| | |

⑤ One of my _____ _____ the whole summer in Boston.

| ⑤ | |
|---|---|
| | |

**2** 音声を聞いて空所を埋め、英文を完成させなさい。空所には2語以上入ります。 🔊 TRACK 094

① There is _____ in the yard.

| ① |
|---|
| |

② He bought his girlfriend _____.

| ② |
|---|
| |

③ Meg looked beautiful in _____.

| ③ |
|---|
| |

④ Go straight for _____ and then turn right at the traffic light.

| ④ |
|---|
| |

⑤ This room is popular because it has _____.

| ⑤ |
|---|
| |

✔ **CHECK**
**26講で学んだこと**

☐ 単数名詞につくa[an]やtheは聞き取りづらいこともある
☐ 複数名詞を作る-sはくっつく単語によって発音が変わる
☐ 聞き取りづらい音は文法知識で補って理解することが重要

**27講** 基本的な時制を聞き取れるようになる

# 時制①（基本時制）

▶ ここからはじめる　リスニング問題では、出来事の時間関係（順番）がポイントとなる問題が出題されることがとても多いです。それぞれの時制の特徴的なカタチや音、セットになるような表現を覚え、聞き取りにも活かしていきましょう。

三単現の s や過去形 -ed などは、はっきり聞こえないことも多いです。そのため、ここでも周囲の情報をヒントに「補って聞く」ことが重要です。

## POINT 1 時間を表すフレーズをヒントに「補って」聞き取る

時間を表すフレーズ（副詞）などをヒントに文法知識も活用しながら聞き取りづらい部分を補って聞くようにしましょう。

**例題**

**1** 次の英文を聞いて空所を埋め、英文を完成させなさい。 🔊 TRACK 095

① Sam ＿＿＿＿＿＿＿ a train at 7:15 a.m. every morning.

①

**解説** 最後の **every morning** から**習慣を表す現在形の文にすべき**ということ、また現在形で主語が三人称の場合は動詞に**三単現の s** がつくという**文法知識もヒント**にすると、聞こえてきた「ティクサ」の音は takes /téiks/ と次の a がつながったものであるとわかります。つながって聞こえる音を、文法知識などを使って適切に区切ることを意識しましょう。

## POINT 2 won't と want の違いを確認する

won't と want は発音が似ていて区別がつきづらいので、違いを確認しておきましょう。母音と後ろに続くカタチがポイントです。

**例題**

**2** 次の英文を聞いて空所を埋め、英文を完成させなさい。 🔊 TRACK 096

① I ＿＿＿＿＿＿＿ go swimming tomorrow.

①

**won't**(will not) /wóunt/「ウォゥン（ト）」　※後ろには動詞の原形が続きます。

例 I **won't** go swimming tomorrow.　訳 私は明日泳ぎに行かないつもりです。

**want** /wánt/「ウァン（ト）」　※後ろには **to do** または**名詞**が続きます。

例 I **want** to go swimming tomorrow.　訳 私は明日泳ぎに行きたいです。

 want は 🇬🇧 では「ウォン（ト）」のように聞こえます。また、to とつながって「ウァ[ォ]ントゥ」と聞こえることもあります。

## 演習

**1** 音声を聞いて空所を埋め、英文を完成させなさい。 🔊 TRACK 097

① My mother _____ _____ the market every Sunday.

| ① | |
|---|---|
| | |

② I _____ _____ at seven this morning.

| ② | |
|---|---|
| | |

③ I _____ _____ swimming in the sea tomorrow.

| ③ | |
|---|---|
| | |

④ Monica _____ _____ coffee at breakfast.

| ④ | |
|---|---|
| | |

⑤ James _____ _____ a text message last night.

| ⑤ | |
|---|---|
| | |

**2** 音声を聞いて空所を埋め、英文を完成させなさい。空所には2語以上入ります。 🔊 TRACK 098

① I _____ quite often when I was little.

| ① |
|---|
| |

② I _____ my mom a birthday present.

| ② |
|---|
| |

③ The weather forecast says that _____ tomorrow.

| ③ |
|---|
| |

④ Olivia _____ the station and caught the train just in time.

| ④ |
|---|
| |

⑤ My vacation _____ in a week.

| ⑤ |
|---|
| |

✔ CHECK
27講で学んだこと

□ 時制の聞き取りは時間を表す副詞がヒントになる
□ won't と want は母音と後ろのカタチが異なる
□ 聞き取りづらい音は文法知識で補って理解することが重要

Chapter **4**

文法力で補って聞こう ― **27講** ▼ 時制①（基本時制）

# 28講　進行形を聞き取れるようになる

## 時制②（進行形）

▶ ここからはじめる　動作の進行を表すbe動詞＋doingの聞き取りの練習をします。進行形は主に行われている最中の動作を描写するものですので、イラストが関係する問題で用いられることが多い文法項目です。

doingの **-ing部分ははっきり聞こえないことも多いです**が、**be動詞の音も一般動詞の音も両方聞こえる場合**は進行形と判断できるようになりましょう。

### POINT 1 進行形-ing も時間を表す副詞をヒントに「補って」聞きとる

進行形を作る際に動詞につける **-ing** は、私たちが思っているように「イング」とはっきりと聞こえず、**/iŋ/**「**イン**」のように聞こえます。聞き取りづらい-ingの音も時間を表すフレーズなどのヒントを使って補って聞きましょう。

---

**例題**

**1**　次の英文を聞いて空所を埋め、英文を完成させなさい。🔊 TRACK 099

① Serina ＿＿＿＿＿＿＿＿ lunch with her friends now.

①
＿＿＿＿＿＿＿＿＿＿＿＿＿

---

**解説**　having は /hǽviŋ/「ヘァ［ハ］ヴィン」のように、**-ingの部分ははっきり聞こえてきません。** 弱く読み上げられますが、**is があること**と **now**「**ナゥ**」（**現在**）があることから補って、**現在進行形**を完成させましょう。また**内容を考える**と、似て聞こえますがhave in lunch にはならないはずですね。

---

### POINT 2 -ing と前置詞 in の違いを確認する

進行形を作る -ing と前置詞 in は発音が似ていて区別がつきづらいので注意が必要です。内容と前後のカタチをヒントに聞き分けましょう。

---

**例題**

**2**　次の英文を聞いて空所を埋め、英文を完成させなさい。🔊 TRACK 100

① My dog doesn't want to ＿＿＿＿＿＿＿＿ my bed.

①
＿＿＿＿＿＿＿＿＿＿＿＿＿

---

**解説**　want to には動詞の原形が続くので、「スリーピン」は sleep in だとわかります。

**-ing** /iŋ/　※be動詞の音も聞こえることがポイントです。また、-ingは動詞にくっつきます。

**例** My dog is **sleeping** by the window.　**訳** 愛犬は窓のそばで寝ています。

**in** /in/　※基本的に後ろには名詞が続きます。

**例** My dog doesn't want to **sleep in** my bed.　**訳** 愛犬は私のベッドで寝たがりません。

---

演 習

 の解答 → 別冊 P.29

**1** 音声を聞いて空所を埋め、英文を完成させなさい。 🔊 TRACK 101

① I _____ _____ the piano when you called me last night.

| ① | |
|---|---|
| | |

② What should I _____ _____ mind when swimming in this river?

| ② | |
|---|---|
| | |

③ Thomas _____ _____ _____ New York now.

| ③ | | |
|---|---|---|
| | | |

④ _____ _____ for his keys.

| ④ | |
|---|---|
| | |

⑤ I _____ _____ if we could have a meeting today.

| ⑤ | |
|---|---|
| | |

**2** 音声を聞いて空所を埋め、英文を完成させなさい。空所には2語以上入ります。 🔊 TRACK 102

① I _____ a bath when you came to my house last night.

| ① |
|---|
| |

② Jack _____ for his sister at the station.

| ② |
|---|
| |

③ Please _____ this room for a while.

| ③ |
|---|
| |

④ _____ on that project now.

| ④ |
|---|
| |

⑤ What _____ this weekend, Rachel?

| ⑤ |
|---|
| |

✔ CHECK
28講で学んだこと

☐ -ing は「イン」と聞こえる
☐ -ing と in の聞き分けに注意
☐ 聞き取りづらい音は文法知識で補って理解することが重要

 Chapter **4**

文法力で補って聞こう ── 28講 ▼ 時制 ② (進行形)

## 29講 完了形を聞き取れるようになる
# 時制③（完了形）

▶ ここからはじめる　今回は have done の現在完了と had done の過去完了を中心に聞き取りの練習をします。特に過去完了は出来事の順番などを表す際に用いられますので、注意しましょう。

完了形の聞き取りでは用法とセットになるフレーズなどを活用し、聞き取りづらい部分を補って聞くことが重要です。

## POINT 1 時制の判断には周囲のヒントを最大限に活用する

現在完了（have done）の **have** や過去完了（had done）の **had** は**弱く短く読み上げられる**ため、後ろに続く過去分詞や時間を表すフレーズが聞き取りのヒントとなります。

### 例題

**1** 次の英文を聞いて空所を埋め、英文を完成させなさい。🔊 TRACK 103

① I ＿＿＿＿＿＿＿＿＿ to New York twice.

```
①
```

② Meg ＿＿＿＿＿＿＿＿＿ for an hour when I got there.

```
②
```

① **解説** have /həv/ は「(ハ)ァヴ、ヴ」のように**弱く短く読み上げられる**ことが多いため聞き取りづらいですが、その後の**過去分詞 been /bin/**「ビン」から補って**現在完了**を完成させましょう。また、回数を表す twice も経験を表すカタチのヒントです。

② **解説** had /həd/ は「ハッ(ド)、ァド」のように**弱く短く読み上げられる**ことが多いため聞き取りづらいですが、been waiting「ビン　ウェティン」から**過去完了進行形**を組み立てます。期間を表す for an hour や、過去を表す when I got there もヒントになります。

## POINT 2 has と is の違いを確認する

現在完了で用いられる **has** は弱く短く読み上げられると /h/ が消えて「ァズ、ズ」と聞こえるため、**is** と区別がつきづらくなります。時を表すフレーズなどをヒントに聞き分けましょう。

### 例題

**2** 次の英文を聞いて空所を埋め、英文を完成させなさい。🔊 TRACK 104

① Oliver ＿＿＿＿＿＿＿＿＿ cleaning his room now.

```
①
```

・**has** /həz, əz, z/　※後ろに done が続きます。
　例 Oliver **has** just **finished** the novel.　訳 オリヴァーはちょうど小説を読み終えました。
・**is** /iz, z/　※後ろに名詞・形容詞・doing・done などが続きます。
　例 Oliver **is** cleaning his room now.　訳 オリヴァーは今自分の部屋を掃除しているよ。

例題の解答　**1** ① have been（訳 私はニューヨークに2回行ったことがあります。）　② had been waiting（訳 私がそこに着いたとき、メグは1時間待っていました。）　**2** ① is（訳 オリヴァーは今自分の部屋を掃除しているよ。）

Chapter **4**

文法力で補って聞こう ── 29講 ▼ 時制③（完了形）

**1** 音声を聞いて空所を埋め、英文を完成させなさい。 🔊 TRACK 105

① When I got to the station, the train _____ already _____.

| ① | |
|---|---|

② Ron _____ _____ in Tokyo for three years.

| ② | |
|---|---|

③ Alice _____ _____ _____ for three hours when Peter arrived.

| ③ | | |
|---|---|---|

④ It _____ _____ about a year since I started learning the guitar.

| ④ | |
|---|---|

⑤ _____ _____ so much about you!

| ⑤ | |
|---|---|

**2** 音声を聞いて空所を埋め、英文を完成させなさい。空所には2語以上入ります。 🔊 TRACK 106

① We _____ each other since childhood.

| ① |
|---|

② _____ at the restaurant before it started raining.

| ② |
|---|

③ _____ such an interesting book before.

| ③ |
|---|

④ How long _____ teaching at this school?

| ④ |
|---|

⑤ The class _____ when the boy entered the classroom.

| ⑤ |
|---|

✔ **CHECK**
**29講で学んだこと**

□ 現在完了のhaveは「（ハ）ァヴ、ヴ」のように聞こえる
□ 過去完了のhadは「ハッ（ド）、ァド」のように聞こえる
□ hasとisの区別に注意
□ 聞き取りづらい音は文法知識で補って理解することが重要

# 30講　助動詞＋ have done を聞き取れるようになる
# 助動詞

▶ ここからはじめる　今回は通常の助動詞に加え、過去のことを表す助動詞＋ have done を中心に練習をしていきます。助動詞は話し手の考えや感情を表す目印となるため、問題の聞き取りのポイントになることも多いです。

現在完了と同様に**助動詞＋ have done** の **have** も弱く短く読み上げられるので、ここでもyesterday のような時間を表すフレーズなどを聞き取りのヒントとして活用しましょう。

## POINT 1 助動詞に続く弱く短い have「ァヴ」を聞き逃さないようにする

**助動詞＋ do（動詞の原形）**の場合には聞こえてこない「**ァヴ**」の音が**助動詞＋ have done** だと判断するポイントとなります。**助動詞＋ have done** の **have** は should have「シュダヴ」のように**まとまって聞こえることが多い**ので、この音のつながりに慣れましょう。

---

### 例題

**1**　次の英文を聞いて空所を埋め、英文を完成させなさい。　🔊 TRACK 107

①　Sarah ＿＿＿＿＿＿＿＿＿ her homework by today.

```
①
```

②　James ＿＿＿＿＿＿＿＿＿ things like that!

```
②
```

- - - - - - - - - - - - - - - - - - - - - - - - - - - - - - -

①　**解説**　finished のような**過去分詞**は、-ed にあたる /t/ が**はっきり聞こえてこないため、原形との区別がつきづらい**ことも多いです。そのため、should ＋ do では聞こえてこないはずの「**ァヴ**」の音が重要になります。

②　**解説**　原形 say /séi/「セィ」と過去分詞 said /séd/「セッ（ド）」の音の区別が明らかなため、助動詞＋ have done のカタチだとわかりやすいです。助動詞は**否定形のほうが助動詞に含まれる母音がはっきり聞こえやすい**ことを思い出しましょう。

---

## POINT 2 助動詞 ＋ do と助動詞＋ have done の違いを確認する

POINT 1 を踏まえ、後ろに続くカタチや「ァヴ」の音、時間を表すフレーズなどを使って聞き分けるようにしましょう。

---

### 例題

**2**　次の英文を聞いて空所を埋め、英文を完成させなさい。　🔊 TRACK 108

①　Alex ＿＿＿＿＿＿＿＿＿ to bed earlier tonight.

```
①
```

- - - - - - - - - - - - - - - - - - - - - - - - - - - - - - -

・**助動詞＋ do**
　例　Alex **should go** to bed earlier tonight.　訳 アレックスは今晩もっと早く寝るべきです。
・**助動詞＋ have done**
　例　Alex **should have gone** to bed earlier last night.　訳 アレックスは昨晩もっと早く寝るべきでした。

　例題 の解答　**1**　① should have finished（訳 サラは今日までに宿題を終わらせるべきでした。）　② can't have said（訳 ジェイムズがそんなこと言ったはずないよ！）
**2**　① should go（訳 アレックスは今晩もっと早く寝るべきです。）

**1** 音声を聞いて空所を埋め、英文を完成させなさい。 🔊 TRACK 109

① Miley _____ _____ _____ take charge of the new project.

| ① | | |
|---|---|---|
| | | |

② Bell _____ _____ _____ in Japan in her childhood.

| ② | | |
|---|---|---|
| | | |

③ You _____ _____ _____ more careful then.

| ③ | | |
|---|---|---|
| | | |

④ John _____ _____ _____ car.  He's having wine with his dinner.

| ④ | | |
|---|---|---|
| | | |

⑤ Something _____ _____ _____ between David and Emma.

| ⑤ | | |
|---|---|---|
| | | |

**2** 音声を聞いて空所を埋め、英文を完成させなさい。空所には2語以上入ります。 🔊 TRACK 110

① I _____ my smartphone anywhere.

| ① |
|---|
| |

② I _____ too much to William.

| ② |
|---|
| |

③ You _____ your umbrella at the cafe we went to yesterday.

| ③ |
|---|
| |

④ We _____ right at the last corner.

| ④ |
|---|
| |

⑤ I'm so full.  I _____ so much!

| ⑤ |
|---|
| |

✔ CHECK
**30講で学んだこと**

☐ 助動詞 + do と助動詞 + have done の区別では「ァヴ」の音がポイント
☐ 助動詞は否定のほうが母音が聞こえやすい
☐ 聞き取りづらい音は文法知識で補って理解することが重要

**31講** 仮定法を聞き取れるようになる

# 仮定法

▶ ここからはじめる　今回は現在に関する仮定を表す仮定法過去と、過去に関する仮定を表す仮定法過去完了を中心に聞き取りの練習をしましょう。仮定法は短文の言い換え問題などで問われやすい文法項目です。

どの単語や文法項目にも言えることですが、知らないものを聞き取り、理解することはできません。仮定法過去と仮定法過去完了の聞き取りもそれぞれのカタチを覚えておき、文法知識を活用できる状態にしておくことが必要不可欠です。

## POINT 1 仮定法のカタチをしっかり覚えておく

仮定法過去と仮定法過去完了には had done や助動詞 + have done も登場します。これまで練習したことを活かしましょう。

### 例題

**1**　次の英文を聞いて空所を埋め、英文を完成させなさい。 🔊 TRACK 111

①　If I had more money now, I ＿＿＿＿＿＿＿ this dress.

①

②　If I ＿＿＿＿＿＿＿ about it, I would've told you.

②

- - - - - - - - - - - - - - - - - - - - - - - - - - - - - - - - - - - -

① **解説** would /wud/「ウ（ド）」は「ウド、ァド」のように**弱く短く読み上げられる**ことが多いため聞き取りづらいですが、if節内で now と過去形が一緒に用いられていることをヒントに仮定法過去の知識で補って聞きましょう。

② **解説** had /həd/「ハッ（ド）」は、特に速い読み上げでは「ァド、ッド」と弱く短く聞こえることが多く聞き取りづらいですが、過去分詞 known /nóun/「ノウン」は聞き取りやすいため、そこから had を補います。**would've「ウダヴ」**の音にも慣れておきましょう。

## POINT 2 wish の後の he と she の区別は注意が必要

wish she は **wish /wíʃ/ の /ʃ/ と she /ʃíː/ の最初の子音が同じ**であるため、「ウィッシー」のように聞こえます。また、wish he も **he の最初の子音/h/ が聞こえず**、やはり「ウィッシー」のように聞こえることがあります。周囲のカタチや内容から補って区別しましょう。

### 例題

**2**　次の英文を聞いて空所を埋め、英文を完成させなさい。 🔊 TRACK 112

①　I ＿＿＿＿＿＿＿ could've come.  She's such a fun girl.

①

- - - - - - - - - - - - - - - - - - - - - - - - - - - - - - - - - - - -

**解説** **名前や代名詞などのヒント**が周囲に置かれていないか確認しましょう。今回は2文目の She や girl から wish she だと判断できます。

例題の解答　**1**　①　would buy （訳 今もっとお金があるなら、このワンピースを買うのに。）　②　had known （訳 もしそれについて知ってたなら、君に言ってたよ。）
**2**　①　wish she （訳 彼女が来ることができたらよかったのに。彼女はすごく楽しい女の子なんだ。）

演 習

**1** 音声を聞いて空所を埋め、英文を完成させなさい。 🔊 TRACK 113

① If I had enough money, I _____ _____ a new laptop computer.

| ① | |
|---|---|

② If I _____ _____ about it, I would have told you.

| ② | |
|---|---|

③ If you _____ _____ any questions, please feel free to contact us.

| ③ | |
|---|---|

④ _____ _____ in your position, I would not accept the offer.

| ④ | |
|---|---|

⑤ Noah _____ _____ _____ gone surfing with his friends.

| ⑤ | | |
|---|---|---|

**2** 音声を聞いて空所を埋め、英文を完成させなさい。空所には2語以上入ります。 🔊 TRACK 114

① If her hair were brown, she _____ like a completely different person.

| ① |
|---|

② _____ any questions, please raise your hand.

| ② |
|---|

③ If I had known it was going to rain, I _____ my rainboots.

| ③ |
|---|

④ I _____ join our team. She's the fastest runner.

| ④ |
|---|

⑤ If I'd had more money, I _____ the latest smartphone.

| ⑤ |
|---|

✔ CHECK
**31講で学んだこと**

☐ 聞き取りのために仮定法のカタチを覚えておくことが重要
☐ would + do、would + have done、had の発音に注意
☐ wish she と wish he の区別は周囲のヒントを用いる
☐ 聞き取りづらい音は文法知識で補って理解することが重要

文法力で補って聞こう ― 31講 ▼ 仮定法

# 32講　-'sや-'dを判断できるようになる

# 短縮形

▶ ここからはじめる　今回はhe isをhe'sとするような、短縮形の聞き取りです。頻繁に使われるカタチですので、英文中のヒントなどを使って短縮する前のカタチの復元ができるように練習しましょう。

特に短縮（縮約）前のカタチにバリエーションがある -'sと -'dを中心に、短縮前のカタチを判断する練習をします。後ろに続くカタチを使って考えるのがポイントです。短縮前のカタチがわからないと、時制や受動態・能動態の判断などができなくなり、内容理解を誤ってしまうことがあります。

## POINT 1　短縮形を理解するには後ろのカタチや文脈が最大のヒント

-'s「-ズ」はis または has の短縮形、-'d「-ド/-ッ（ド）」はwould または had の短縮形です。名詞に「ズ」の音が続く場合は、所有格（〜の）や複数形の可能性もあるので、文法知識や内容で補って理解しましょう。

---

### 例題

❶ 次の英文を聞いて空所を埋め、英文を完成させなさい。また、-'sと -'dは何の短縮形か書きなさい。 🔊 TRACK 115

① He's ＿＿＿＿＿＿＿＿ his watch.

| ① | |
|---|---|
| | |

② I'd ＿＿＿＿＿＿＿＿ to talk to Sophie.

| ② | |
|---|---|
| | |

---

① **解説** -'s「ズ」はis または has の短縮形だと考えられます。後ろに**名詞・形容詞・doing・done**などが続く場合は is、**done** が続く場合は has（**現在完了**）です。lost /lɔ́:st/「ロース（ト）」のような**過去分詞が続く場合**は is done（**受動態**）と has done（**現在完了**）の両方の可能性があります。この文では、lostの音の後ろに目的語 his watch が続いていることや文脈から、**-'sは has の短縮形**（**現在完了**）と判断できます。

　He's「ヒーズ」とhis「ヒズ」の区別も注意！**母音の長さ**が判断の決め手です。

② **解説** -'d「ド」はwould または had の短縮形だと考えられます。後ろに**do や have done** などが続く場合は would、**done** が続く場合は had（**過去完了**）です。この -'d では**like to**「ラィク トゥ」という音が続いていることから、**would like to do（〜したい）**のwouldの短縮形であることがわかります。

　-'dははっきりと聞こえてこないことが多いので、ここでもやはり文脈や文法知識で補うことが求められます。

**1** 音声を聞いて空所を埋め、英文を完成させなさい。また、それぞれの短縮形の元のカタチを選びなさい。 🔊 TRACK 116

① He's _____ _____ Paris several times. ( ㋐ is / ㋑ has )

| ① | | |
|---|---|---|
| | | |

② He's _____ _____ his English exam tomorrow. ( ㋐ is / ㋑ has )

| ② | | |
|---|---|---|
| | | |

③ They'd _____ _____ visit that hotel for a long time. ( ㋐ would / ㋑ had )

| ③ | | |
|---|---|---|
| | | |

**2** 音声を聞いて空所を埋め、英文を完成させなさい。空所には2語以上入ります。 🔊 TRACK 117

① _____ that book, so maybe you can borrow it from him.

| ① |
|---|
| |

② _____ to get a present from you.

| ② |
|---|
| |

③ _____ that they knew that!

| ③ |
|---|
| |

④ _____ to park your car here.

| ④ |
|---|
| |

⑤ _____ that the number of children in Japan will decrease.

| ⑤ |
|---|
| |

⑥ Kevin was called to _____.

| ⑥ |
|---|
| |

✔ CHECK
32講で学んだこと

□ -'s「ズ」はisまたはhasの短縮形
□ -'d「ド」はwouldまたはhadの短縮形
□ 短縮形は文法知識や文脈を用いて判断する
□ 聞き取りづらい音は文法知識で補って理解することが重要

# 33講　doingやdoneを聞き取れるようになる

# 分詞

▶ ここからはじめる　今回は「〜している○○（名詞）」を意味する現在分詞（doing）と「〜された○○（名詞）」を意味する過去分詞（done）の聞き取り練習をしましょう。分詞はイラスト問題などで問われやすい文法事項です。

現在分詞（doing）は名詞にくっついて「〜している○○（名詞）」を意味し、**過去分詞（done）**は名詞にくっついて「〜された○○（名詞）」を意味します。進行形や完了形で練習した音の特徴を活かして聞き取りましょう。

## POINT 1　現在分詞の –ing や過去分詞の –ed は聞こえづらいので要注意

これまでに練習してきたように、**現在分詞**を作る -ing「イン」も**過去分詞**を作る -ed も**はっきりと聞こえてこない**ことが多いですので、注意しましょう。

---

**例題**

**1**　次の英文を聞いて空所を埋め、英文を完成させなさい。🔊 TRACK 118

①　The boys ＿＿＿＿＿ ice cream are my brothers.

①

②　Harper wants to have her laptop ＿＿＿＿＿.

②

③　I like the novels ＿＿＿＿＿ by this author.

③

---

①｜**解説**｜eating は /íːtiŋ/「イーティン」のように、**-ingの部分ははっきり聞こえない**ことが多いですが、the boys という名詞の後ろにあることから名詞を修飾するカタチが入ると考えることができます。

「アイスクリームを食べている男の子たち」なので、eaten ではなくて eating となるね！

②｜**解説**｜**過去・過去分詞形を作る -ed は後ろに母音が続くときなどを除き、はっきり聞こえない**ことが多く、今回の fixed /fíkst/「フィクス（ト）」も -ed にあたる /t/ ははっきり聞こえません。そのような場合も文法知識を用い聞き取りづらい音を補うことが大切です。ここでは、have ○ done（○を〜してもらう）の形を用いて have her laptop fixed（彼女のノートパソコンを修理してもらう）を完成させましょう。**過去・過去分詞形を作る -ed** の発音は、**くっつく単語がどのような音で終わっているかで変化**します。fix のような**無声子音に続く -ed** は /t/「ト」、move のような有声子音や try /trái/「チュアイ／トゥライ」のような**母音に続く -ed は /d/「ド」**、admit のような /t/ や end のような /d/ に続く -ed は /id/「イド」や /əd/「アド」と発音されることを覚えておきましょう。

③｜**解説**｜written /rítn/「ウリトゥン」は原形の write /ráit/「ウライ（ト）」や過去形の wrote /róut/「ウロゥ（ト）」と音が大きく違うので、聞こえやすいはずです。それぞれの動詞の活用形を音とともに覚えておきましょう。

---

　例題 の解答　**1**　①　eating（訳 アイスクリームを食べている男の子たちは私の兄弟です。）　②　fixed（訳 ハーパーはノートパソコンを修理してもらいたいと思っています。）　③　written（訳 この著者によって書かれた小説が好きです。）

**1** 音声を聞いて空所を埋め、英文を完成させなさい。 🔊 TRACK 119

① How much time do you spend looking for _____ _____ each day?

| ① | |
|---|---|
| | |

② All _____ _____ need water to survive.

| ② | |
|---|---|
| | |

③ Kelly _____ her suitcase _____ by a porter.

| ③ | |
|---|---|
| | |

④ Don't touch the _____ _____ !

| ④ | |
|---|---|
| | |

⑤ Who do you think the man _____ _____ Kate is?

| ⑤ | |
|---|---|
| | |

**2** 音声を聞いて空所を埋め、英文を完成させなさい。空所には2語以上入ります。 🔊 TRACK 120

① Most of the goods _____ this factory will be exported.

| ① |
|---|
| |

② There was _____ on the bus.

| ② |
|---|
| |

③ It may be the _____ I've ever seen.

| ③ |
|---|
| |

④ I'll have _____ by him tomorrow.

| ④ |
|---|
| |

⑤ The number of _____ in Japan has been increasing.

| ⑤ |
|---|
| |

✔ CHECK
**33講で学んだこと**

☐ 現在分詞（doing）の -ing や過去分詞（done）の -ed は
　 はっきり聞こえないことが多い
☐ 聞き取りづらい音は文法知識で補って理解することが重要

Chapter **4**

文法力で補って聞こう ─ 33講 ▼ 分詞

# 34講　比べる表現を聞き取れるようになる

# 比較

▶ ここからはじめる　今回は比較の聞き取り練習をします。比較は短文の言い換え問題、イラスト問題、グラフの描写問題など、リスニングで出題されることがとても多い分野です。基本的なカタチを音声で確認して、聞きなじみのある音にしましょう。

2つのもの[人]を比べて同じくらいであることを表す**原級比較**、2つのもの[人]を比べて差があることを表す**比較級**、3つ以上のもの[人]を比べて程度などが一番上であることを表す**最上級**の聞き取り練習をします。

## POINT 1　聞き取りづらい音も文法知識を使って補おう

原級比較・比較級・最上級のそれぞれのカタチの知識を使って聞き取りづらい音も補いながら聞くようにしましょう。

### 例題

**1**　次の英文を聞いて空所を埋め、英文を完成させなさい。　🔊 TRACK 121

①　This book is ＿＿＿＿＿＿＿＿＿ as that one.

　　①

②　I woke up ＿＿＿＿＿＿＿＿＿ than usual this morning.

　　②

③　Ed is one of the ＿＿＿＿＿＿＿＿＿ in the U.K.

　　③

---

①　**解説**　**as** /əz/ は「ァズ」と**弱く短く読み上げられ**、また直前にある twice /twáis/ の最後の子音 /s/ とつながり、「トワィサズ」のように聞こえることがあります。空所の後ろに as が続いていることをヒントに、このカタマリを twice as と分けて書けたかがポイントです。このように、as は前の単語とつながることが多いため、注意が必要です。

👩 thick as もつながって「スィッカズ」のように聞こえるので注意しましょう。

②　**解説**　much /mʌ́tʃ/ は子音で終わっているため、母音で始まる earlier /ə́ːrliər/ とつながり、「マッチャーリャー」のように聞こえることがあります。このカタマリを空所の後ろに than /ðən/「ザン」が続いていることをヒントに、強調を表す much と比較級 earlier に分けましょう。**than は耳に残りやすい**音なので、**比較級であることを聞き分けるポイント**となります。

③　**解説**　most /móust/「モゥス(ト)」は聞き取りやすい音です。しかし famous /féiməs/「フェイマス」の最後の /s/ と singers /síŋərz/「スィンァーズ」の最初の /s/ は同じ音であるため1度しか発音されず、「フェイマスィナーズ」と聞こえることがあります。singers の複数形の s も聞き取りづらいですが、one of 複数名詞のカタチを使って補い理解しましょう。

👩 singer はカタカナではシンガーと書きますが、実際には「ガ」の音はほとんど聞こえないことが多いです。

**1** 音声を聞いて空所を埋め、英文を完成させなさい。 🔊 TRACK 122

① This dictionary is _____ _____ than that one.

| ① | |
|---|---|
| | |

② I have _____ _____ _____ books as Johnson has.

| ② | | |
|---|---|---|
| | | |

③ Going by train is _____ _____ driving.

| ③ | |
|---|---|
| | |

④ Maggie is _____ _____ _____ all the students.

| ④ | | |
|---|---|---|
| | | |

⑤ Take is the _____ _____ _____ the team.

| ⑤ | | |
|---|---|---|
| | | |

**2** 音声を聞いて空所を埋め、英文を完成させなさい。空所には2語以上入ります。 🔊 TRACK 123

① My dog eats _____ treats as he used to.

| ① |
|---|
| |

② I got up earlier _____.

| ② |
|---|
| |

③ This book is _____ than that one.

| ③ |
|---|
| |

④ There are _____ 3,000 magazines published in Japan.

| ④ |
|---|
| |

⑤ The population of Tokyo is _____ of Osaka.

| ⑤ |
|---|
| |

✔ CHECK
**34講で学んだこと**

☐ 比較の聞き取りではasやthanの音を聞き逃さない
☐ 比較はグラフの描写などでよく用いられる
☐ 聞き取りづらい音は文法知識で補って理解することが重要

## 35講　場所や時間のフレーズを聞き取る
# 前置詞

▶ ここからはじめる　前置詞は時間や場所を示す大事な目印となるため、イラスト問題や会話形式の問題などでキーフレーズとなることも多いですが、直前の単語とつながったり、短く弱く読み上げられたりするため聞き取りづらいです。音に慣れておきましょう。

前置詞は後ろに名詞を伴い、場所や時間などを表すカタマリを作ります。このようなフレーズが聞こえてきたら、そのイメージを思い浮かべられるように練習しましょう。

## POINT 1　イラスト描写や会話文の前置詞フレーズは、聞き逃さないよう注意

前置詞はスペルも音も短いものが多く、また**前の単語とつながったりする**ことも多いため、聞き逃さないように注意しましょう。特にイラスト問題や会話文問題などで正解を導くポイントになることもあり、その場合は普段弱く読まれる前置詞もはっきり読まれる傾向にあります。

### 例題

**1** 次の英文を聞いて空所を埋め、英文を完成させなさい。🔊 TRACK 124

① Why not put it ＿＿＿＿＿＿＿＿＿？

　　① ▢

② Will you put the book back ＿＿＿＿＿＿＿＿＿？

　　② ▢

③ Let's meet up ＿＿＿＿＿＿＿＿＿ the station.

　　③ ▢

---

① **解説** **by と buy は同じ発音**/bái/「バィ」ですが、すでに put という動詞があることをヒントに by と書きましょう。その後ろの the window は比較的はっきりと聞こえたと思います。Why not do〜?(〜してはどう？)は会話文中によく登場する重要表現です。

> 「プリッ(ト)」と聞こえたところは、put と it に分解できましたか？

② **解説** on /ɑn, ɔn/「アン、オン」は直前の back /bǽk/ の /k/ とつながり、「ベァックォン」のように聞こえます。put the book back(本をもとの場所へ戻す)の後ろには戻すべき場所が続くことが予想できれば、back on という音を聞き取るヒントになります。shelf /ʃélf/「シェルフ」(棚)も /f/ の音が聞き取りづらかったかもしれませんが、内容を考慮すると似たような音である shell /ʃél/「シェゥ[ル]」(貝殻)などと区別ができたはずです。

③ **解説** in front of は「インフランタヴ」のようにつながって聞こえますが、**in front of(〜の前に)**は繰り返し見たり聞いたりしているなじみ深い表現なので、聞き取りやすく感じられたのではないでしょうか。このようにセットで用いられるフレーズはつなげて一息で読み上げられることが多いので、フレーズを覚えるときに自然な発音も覚えるように意識しましょう。

> 表現や文法知識の定着度が上がると、飛躍的に聞き取りやすくなりますよ。リスニングには総合力が求められているのです。

**演習**

**Chapter 4**

文法力で補って聞こう —— 35講 ▼ 前置詞

**1** 音声を聞いて空所を埋め、英文を完成させなさい。 🔊 TRACK 125

① The picture _____ _____ _____ is very famous.

| ① | | |
|---|---|---|
| | | |

② He drives _____ _____.

| ② | |
|---|---|
| | |

③ Can you pick me up _____ _____ _____ the hotel at ten?

| ③ | | |
|---|---|---|
| | | |

④ Nick walked _____ _____ the room a few minutes ago.

| ④ | |
|---|---|
| | |

⑤ My allowance _____ _____ $3 _____ $10.

| ⑤ | | |
|---|---|---|
| | | |

**2** 音声を聞いて空所を埋め、英文を完成させなさい。空所には2語以上入ります。 🔊 TRACK 126

① Our hotel is _____ of Oak and Fifth Streets.

| ① |
|---|
| |

② Your pen is _____.

| ② |
|---|
| |

③ _____ the street for one block.

| ③ |
|---|
| |

④ The museum is _____ the center of the city.

| ④ |
|---|
| |

⑤ I'll be there _____.

| ⑤ |
|---|
| |

**✔ CHECK**
**35講で学んだこと**

☐ 前置詞＋名詞のフレーズは場所や時間を表す重要なカタマリ
☐ 前置詞の音は短く、前の単語などとつながりやすいので注意
☐ セットで用いられるフレーズは一息に読み上げられることを意識する
☐ 聞き取りづらい音は文法知識で補って理解することが重要

# 36講 同音異義語を理解する
# 発音が同じ語彙の区別

▶ ここからはじめる　日本語同様、英語にも発音が同じだけれど意味が違う単語が数多くあります。そのような語同士の区別をつけるためにも、単語を覚えるときに発音・アクセント・品詞・意味を丁寧に確認し、知識をつけておくことが重要です。

/bái/「バィ」はどんな意味の単語でしょうか？ buy（〜を買う）かもしれませんし、by（〜のそばに）かもしれません。このように発音が同じだけれど意味が違う単語を**同音異義語**と呼びます。

## POINT 1 同音異義語の判断は品詞の知識や内容理解を使おう

**同音異義語は発音が同じ単語**なのですから、**発音だけでは判断できません。Chapter4**で学んできた通り、**前・後ろに続くものや内容から補って理解する**ようにしましょう。

---

### 例題

**1** 次の英文を聞いて適切な単語を選びなさい。 🔊 TRACK 127

① Mr. Miller told me to read the textbook （ ⑦ allowed ／ ⑦ aloud ）.

　①

② I love the （ ⑦ clothes ／ ⑦ close ） you're wearing!

　②

③ I'd like to buy a （ ⑦ knew ／ ⑦ new ） smartphone.

　③

---

① **解説** /əláud/「ァラウ（ド）」はallow（〜を許す）の過去・過去分詞形である allowed、または副詞aloud（声に出して）のどちらかになります。ここでは、read（〜を読む）とセットで使われていることから副詞の**aloud**だと判断できます。read 〜 aloud（〜を声に出して読む）のフレーズも覚えておきましょう。

② **解説** /klóuz/「クロゥズ」は名詞clothes（衣類）、または動詞close（〜を閉める）のどちらかになります。the の後ろには名詞が続くため、**clothes**だとわかります。また、**clothesの発音は「クローズィーズ」ではない**ことも重要です。

③ **解説** /n(j)úː/「ヌー / ニュー」はknow（〜を知っている）の過去形であるknew、または形容詞new（新しい）のどちらかになります。a（　　）smartphoneと後ろに名詞が続くカタチから、空所には形容詞である**new**が入ることがわかります。なお、new と knew は🇺🇸では「ヌー」、🇬🇧では「ニュー」と発音されます。

> 単語を覚えるときには、スペルと意味だけではなく品詞・発音・アクセントもちゃんと覚えておくことが大切ですよ。

**1** 次の英文を聞き、読み上げられた語を選びなさい。 🔊 TRACK 128

① Amelia dropped her smartphone and ( ⑦ its / ⑦ it's ) battery got damaged.

② I heard Lucy ( ⑦ one / ⑦ won ) the competition.

③ How is the ( ⑦ weather / ⑦ whether ) in Vancouver tomorrow?

④ Three years have ( ⑦ past / ⑦ passed ) since we last met.

⑤ Sophia's long hair came down to her ( ⑦ waste / ⑦ waist ).

⑥ I don't borrow money because It's against my ( ⑦ principles / ⑦ principals ).

⑦ I've never ( ⑦ red / ⑦ read ) that book. Is it interesting?

⑧ What's the one-way ( ⑦ fare / ⑦ fair ) to Chicago?

| ① | ② | ③ |
|---|---|---|
| ④ | ⑤ | ⑥ |
| ⑦ | ⑧ | |

**2** 音声を聞いて空所を埋め、英文を完成させなさい。 🔊 TRACK 129

① Yukata are _____ during the summer season.

| ① |
|---|
| |

② It seems like I haven't _____ you _____ years!

| ② | |
|---|---|
| | |

③ I don't remember _____ I locked the door or not.

| ③ |
|---|
| |

④ Walk _____ that building and you'll see the library on your _____.

| ④ | |
|---|---|
| | |

✓ CHECK
36講で学んだこと

☐ 同音異義語は発音が同じだが意味が違う単語
☐ 同音異義語の区別は周囲の品詞や内容をヒントにする

**37講** 13と30を聞き分けられるようになる

# 数字1（紛らわしい数字）

▶ ここからはじめる　数字の聞き取りは苦手に感じる人が多いこともあり、よく出題されます。今回は13（thirteen）と30（thirty）のように聞き分けがしづらいペアについて、それぞれの特徴を学んでいきましょう。

13（thirteen）と30（thirty）のようなペアを**聞き分ける最大のポイント**は**アクセントの位置**です。どこが強く読み上げられるかを確認し、聞き分けられるようになりましょう。

## POINT 1 アクセントが前に置かれるか、後ろに置かれるか 🔊 TRACK 130

**13〜19までの -teen がつく数字**は **-teen にアクセント**が置かれます。それに対し、**20・30・40…90の -ty がつく数字**は -ty ではなく、**前にアクセント**が置かれます。

| thir**teen** | four**teen** | fif**teen** | six**teen** | seven**teen** | eigh**teen** | nine**teen** |
|---|---|---|---|---|---|---|

| **thir**ty | **for**ty | **fif**ty | **six**ty | **se**venty | **eigh**ty | **nine**ty |
|---|---|---|---|---|---|---|

## POINT 2 tが「ティ」と発音されるか、「ディ」と発音されるか 🔊 TRACK 131

13〜19までの数字の **-teen のt**は**「ティ」と発音**されます。それに対し、特に自然な速度の読み上げの場合**20・30・40…90の -ty のt**は**「ディ」に近い音**に聞こえることが多いです。

 なお、-ty がつく数字でも、fifty と sixty の場合は「ティ」と発音される傾向にあります。

| thirteen | fourteen | fifteen | sixteen | seventeen | eighteen | nineteen |
|---|---|---|---|---|---|---|
| サーティーン | フォーティーン | フィフティーン | シックスティーン | セヴァンティーン | エイティーン | ナインティーン |

| thirty | forty | fifty | sixty | seventy | eighty | ninety |
|---|---|---|---|---|---|---|
| サー<u>ディ</u> | フォー<u>ディ</u> | フィフティ | シックスティ | セヴァン<u>ディ</u> | エイ<u>ディ</u> | ナイン<u>ディ</u> |

## POINT 3 音声を聞いて確認する

アクセントの位置やtの発音に注意して実際に音声を聞いてみましょう。

**例題**

❶ 読み上げられた数字を選びなさい。 🔊 TRACK 132

① ⑦ 13 ／ ⑦ 30

| ① |
|---|
| |

**解説** 13（thirteen）は /θəːrtíːn/ と**後ろにアクセント**が、30（thirty）は /θə́ːrt(d)i/ と**前にアクセント**が置かれます。今回は、前が強く読み上げられている（アクセントが置かれている）ので⑦が正解です。また、「サーディ」のように **-ty が /di/ に近い音**に聞こえることも確認できましたか？

 31, 32…のように1桁目の数字が入るときには、thirty-**one** のように後ろの数字にアクセントが置かれますよ。

演習

**1** 音声を聞き、読み上げられた数を選びなさい。 🔊 TRACK 133

① ⑦ 14 / ④ 40

② ⑦ 14 / ④ 40

③ ⑦ 18 / ④ 80

④ ⑦ $17.90 / ④ $70.90

⑤ ⑦ $15.13 / ④ $15.30

⑥ ⑦ 5:15 / ④ 5:50

| ① | ② | ③ |
|---|---|---|
| ④ | ⑤ | ⑥ |

**2** 音声を聞いて空所を埋め、英文を完成させなさい。 🔊 TRACK 134

① "How much is it?" "It's _____."

| ① |
|---|

② "What is the fare to New York City?" "It's _____."

| ② |
|---|

③ "How old is Matt?" "He's _____."

| ③ |
|---|

④ "What time is it now?" "It's _____."

| ④ |
|---|

⑤ "Do you have the time?" "It's _____."

| ⑤ |
|---|

✔ CHECK
**37講で学んだこと**

☐ -teen がつく数字は -teen にアクセントが置かれる
☐ -ty がつく数字は前にアクセントが置かれる
☐ -ty は /di/ に近い音に聞こえることが多い

**38講** 大きい数字を聞き取れるようになる

# 数字②（大きい数字）

▶ ここからはじめる　今回は西暦や桁数が多い数字の聞き取りの練習をします。数字はリスニング中に忘れやすいのでメモを取ることをおススメします。慣れていないと難しく感じるものです。たくさん練習して、コツをつかみましょう。

ここでは3桁、4桁、それ以上の数の読み上げかたを確認し、聞き取る練習をします。

## POINT 1 3桁の数字は1・23と分けて読まれる 🔊 TRACK 135

3桁の数字は、基本的に**百の位の数とそれ以外の位の数で分けて**読み上げられます。例えば、327であればthree hundred（and）twenty-sevenとなります。

| 3 | 27 | | 1 | 05 |
|---|---|---|---|---|
| three hundred | (and) twenty-seven | | one hundred | (and) five |

※ andが入るときは、hundred and はつながって「ハンドゥレダン」と聞こえます。

## POINT 2 4桁の数字は1・234または12・34と分けて読まれる 🔊 TRACK 136

西暦などの**4桁の数字**は、**千の位の数と百の位以降の数で分けて**読み上げられる場合と**千・百の位とそれ以外の位の数で2桁ずつに分けて**読み上げられる場合があります。例えば、1995であればone thousand nine hundred（and）ninety-five または nineteen ninety-five となり、2桁ずつの読み上げは主に西暦で用いられます。また、下2桁が00の西暦は nineteen hundred（1900）のように hundred が用いられることも覚えておきましょう。

| パターン1 | | | パターン2 | |
|---|---|---|---|---|
| 1 | 9 | 95 | 19 | 95 |
| one thousand | nine hundred (and) | ninety-five | nineteen | ninety-five |

※パターン2の場合も、nineteen と ninety のアクセントの位置の違いを聞きとることが重要です。

## POINT 3 million や billion をとっさに変換するには？

million（100万）やbillion（10億）などの**大きな数字は3桁ずつ読み上げられる**のが基本です。以下のようなシステムで用いられていることを知っておくと、イメージしやすくなります。

| … | 000, | 000, | 000, | 000, | 000 |
|---|---|---|---|---|---|
| | trillion | billion | million | thousand | |

123 million であれば、3桁の数字と同様に one hundred（and）twenty-three million と読み上げられます。なお、**million**は「ミリオン」ではなく /míljən/「ミリャン / ミリァン」のように聞こえます。

 メモを取るときには123 m としておき、後ろに0を6つつけるといいですよ。

**1** 音声を聞き、読み上げられた数を選びなさい。 TRACK 137

① ⑦ 215 / ⑦ 250
② ⑦ 703 / ⑦ 730
③ ⑦ 9013 / ⑦ 1930
④ ⑦ 10,000 / ⑦ 100,000
⑤ ⑦ 31,500,000 / ⑦ 3,150,000

| ① | ② | ③ |
|---|---|---|
| ④ | ⑤ | |

**2** 音声を聞いて空所を埋め、英文を完成させなさい。 TRACK 138

① I was born in _____ .

② My father was born in _____ .

③ It is said that there are _____ countries in the world.

④ There were _____ people at our tenth school reunion.

⑤ There are _____ seconds in a day.

⑥ The population of Japan is about _____ .

✔ CHECK
38講で学んだこと

☐ 3桁の数字は1・23のように分けて読み上げられる
☐ 4桁の数字は1・234または12・34のように分けて読み上げられる
☐ 大きな数字は3桁で区切られる

**39講** 小さい数字を聞き取れるようになる

# 数字③（分数・小数）

▶ ここからはじめる 今回は分数・小数の聞き取りを練習します。特に分数は円グラフの描写や時間の表現とも関係するので、重要度がとても高いです。まずは言い回しを覚えるところから始めましょう。

分数と小数の読みかたのルールや関係する言い回しを確認し、聞き取りの練習をします。

## POINT 1 3分の1は one-third と読まれる 🔊 TRACK 139

分数は分子には通常の数字、分母には third、fourth などの序数を用いて表し、**分子・分母の順番で読み上げられます。**3分の1のように**分子が1の場合は、one-third または a third とすることもできます。**また、3分の2のように**分子が2以上の場合は分母に -s がつけられ、two-thirds のように読み上げられます。**fourth 以降に含まれる -th は舌先を歯に触れさせて（はさんで）出される /θ/ の音です。

| first | second | third | fourth | fifth | sixth | seventh | eighth | ninth | tenth |
|---|---|---|---|---|---|---|---|---|---|
| ファース(ト) | セカン(ド) | サー(ド) | フォース | フィフス | シックスス | セヴァンス | エィス[ツ] | ナィンス | テンス |

※ sixth は舌を歯茎に近づけて /s/ を出し、その後舌先を歯に触れさせて /θ/ を出します。

## POINT 2 2分の1は one-second ではない 🔊 TRACK 140

2分の1は one-second ではなく、**特別な言いかた**があります。4分の1も同様です。2分の1や4分の1はグラフの描写問題などで使われることも多いので、覚えておきましょう。

| 2分の1 | one-half , a half |
| | ワン ヘァフ[ハーフ]　ァ ヘァフ[ハーフ] |

| 4分の1 | one-quarter , a quarter |
| | ワン クォーラー[クォータ]　ァ クォーラー[クォータ] |

| 4分の3 | three-quarters |
| | スリー クォーラーズ[クォーターズ] |

$$\frac{1}{4} \quad \frac{1}{2} \quad \frac{3}{4}$$

## POINT 3 12.34は twelve point three four と読まれる 🔊 TRACK 141

小数は整数部分と小数点以下で読みかたが変わります。**整数部分は通常の数字と同様に読み上げられ、小数点は point、小数点以下は1つずつ通常の数字と同様に読み上げられます。**例えば、12.34であれば **twelve point three four** となり、twelve point thirty-four ではありません。0.5のように整数部分が0の場合は、**zero point five** または **point five** と読み上げられます。なお、zero は「ゼロ」というより /zíərou/「ズィァロゥ」と聞こえます。

| ⓵② | . | ③ | ④ | | ⓪ | . | ⑤ |
|---|---|---|---|---|---|---|---|
| twelve | point | three | four | | (zero) | point | five |

12.34

0.5 point

※整数部分はカタマリで、小数点以下は1つずつ読み上げられます。

演習

**1** 音声を聞き、読み上げられた数を選びなさい。 🔊 TRACK 142

① ㋐$\frac{3}{5}$ / ㋑$\frac{5}{3}$

② ㋐$\frac{1}{2}$ / ㋑$\frac{1}{4}$

③ ㋐15.3 / ㋑50.3

④ ㋐0.82 / ㋑0.62

| ① | ② |
|---|---|
| | |

| ③ | ④ |
|---|---|
| | |

**2** 音声を聞いて空所を埋め、英文を完成させなさい。 🔊 TRACK 143

① One foot is equal to _____ centimeters.

| ① |
|---|
| |

② One inch is equal to _____ centimeters.

| ② |
|---|
| |

③ Steve ate _____ of the apple.

| ③ |
|---|
| |

④ _____ of a million is _____.

| ④ | |
|---|---|
| | |

⑤ Sarah baked a cake yesterday and there is _____ of the cake left now.

| ⑤ |
|---|
| |

⑥ The world's population is about _____.

| ⑥ |
|---|
| |

✓ CHECK
**39講で学んだこと**

☐ 分数は分子（数字）・分母（序数）の順番で読み上げられる
☐ 2分の1や4分の1は特別な言い回しがある
☐ 小数は整数部分と小数点以下で読みかたが変わる

**40講** 時間に関する言い回しを聞き取れるようになる

# 時間に関する表現

▶ ここからはじめる　5:15はどのように読み上げられるでしょうか。もちろん(It's) five fifteenと言うこともできますが、**39講**で出てきた分数を使う言い回しもあるんですよ。

時刻や期間に関する言い回しを確認し、聞き取りの練習をしましょう。

## POINT 1 時刻を表すときにも half や quarter が用いられる 🔊TRACK144

**39講**で学習したhalfとquarterは、**時刻**を表すときにも用いられます。halfは1時間の半分で30分、(a) quarterは1時間の4分の1で15分を意味します。

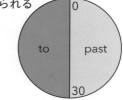

- 1〜30分まで…**past**「ペァス(ト)/パース(ト)」(〜を過ぎて)が用いられる
  (a) quarter <u>past</u> eleven（11時を15分過ぎた）＝11:15
  half <u>past</u> eleven（11時を30分過ぎた）＝11:30

- 31〜59分まで…**to**（〜まで）が用いられる
  (a) quarter <u>to</u> eleven（11時まで15分）＝10:45

 pastの代わりにafter、toの代わりにbeforeが用いられることもあります。

### 例題

❶ 読み上げられた時刻を選びなさい。 🔊TRACK145
　① ㋐ 10:45　　㋑ 11:15

①

**解説** It's (a) quarter past eleven. と読み上げられています。(a) quarter「クォーラ/クォータ(ー)」は15分、past「ペァス(ト)/パース(ト)」は(〜を過ぎて)を意味します。つまり、11時を15分過ぎた時刻ですので、㋑ **11:15**となります。pastは🇺🇸では「ペァス(ト)」、🇬🇧では「パース(ト)」と発音されます。

## POINT 2 30分間、1時間半は half を用いて表す 🔊TRACK146

英語で**期間**を表す場合、for fifteen minutes（15分間）のように通常の数字の言いかたと変わりませんが、30が関係する場合はhalfが用いられることもあります。

- 30分 …… thirty minutes, half an hour, a half hour
- 1時間半 … one[an] hour and a half, one and a half hours, ninety minutes（90分）
- 2時間半 … two and a half hours
※2時間半以降は〜hours and a halfなどの言いかたはあまり用いられません。

演習 の解答 ➡ 別冊P.41

 演 習

**1** 音声を聞き、読み上げられた時刻を選びなさい。 🔊 TRACK 147

① ⑦ 7:45 / ④ 8:15

② ⑦ 9:50 / ④ 10:10

③ ⑦ 5:15 / ④ 5:30

④ ⑦ 5:45 / ④ 6:15

①

②

③

④

**2** 音声を聞いて空所を埋め、英文を完成させなさい。空所には2語以上入ります。 🔊 TRACK 148

① It takes _____ from here to the station by car.

①

② Let's meet up at _____.

②

③ My father usually leaves the house _____ in the morning.

③

④ The morning class starts at _____.

④

⑤ The train leaves at _____ a.m. sharp.

⑤

⑥ Abi called me _____.

⑥

 ✔ CHECK
**40講で学んだこと**

☐ 30分は half、15分は quarter を用いて表すこともできる
☐ past や to を用いて時刻を表すこともできる
☐ 30分・1時間半・2時間半などは half を用いて表すこともできる

Chapter **5**

問題を解く準備をしよう ── 40講 ▼ 時間に関する表現

**41講** 聞き取りのポイントを見つけられるようになる

# 問題を解く準備

▶ ここからはじめる　ここまでリスニング問題を解く上で必要な基礎知識を丁寧に積み上げてきました。すでに聞く力は飛躍的に向上したはずです。ここからは、実際にリスニングの問題を解く前にどのような準備をすべきか確認していきましょう！

リスニングの問題はなんとなく聞いているだけでは解けません。**音声が流れる前に選択肢やイラストなどに目を通し**、**聞き取りのポイント**を予想するようにしましょう。

 事前に準備をしておくとメモを取る必要性も低くなり、聞くことに集中できますよ！

## POINT 1 事前に選択肢を読んで「聞き取りのポイント」を見つけよう

### 例題

**1** 聞こえてくる英文の内容に最も近いものを選びなさい。 🔊TRACK 149

① ⑦ Emma gave the speaker chocolate.
　 ⑦ Emma got chocolate from the speaker.
　 ⑦ Emma will give the speaker chocolate.
　 ⑦ Emma will get chocolate from the speaker.

①[　　]

--------------------------------

**手順1 選択肢の同じところを探す**

すべての選択肢でEmmaが主語になっており、またchocolateが登場しています。このように、同じところを探すことで、問題の大まかな内容がつかめます。

**手順2 選択肢の違うところを探す**

同じところを踏まえた上で、違うところを探しましょう。すると、時制（**過去形か未来形か**）が違うこと、動詞が**give O₁ O₂（O₁にO₂をあげる）**と**get O from 〜（〜からOをもらう）**で違うことがわかります。よって、『**誰が誰にチョコレートをあげる（未来）、または、あげた（過去）**』のかが聞き取りのポイントと予想できます。このように、同じところを踏まえて見つけた**違うところが聞き取りのポイントになることが多い**です。**手順2**までを音声が始まる前にやっておきましょう。

**スクリプト**

Emma went to Hawaii on vacation.  She brought me some chocolate as a souvenir.
**訳** エマは休暇でハワイに行った。彼女はお土産として私にチョコレートを持ってきてくれた。

2文目のSheはEmmaのことです。**brought me**「ブロー（ト）ミ」の音を聞き取れれば、Emmaが私（＝ the speaker）にお土産としてチョコレートを持ってきてくれたと言っていたことが理解できます。そのためEmmaがthe speakerにチョコレートをあげた⑦が正解です。このように、正解は聞こえてくる英文から**言い換えられている**ことが多いです。

演習

演習の解答 ➡ 別冊 P.42

**1** 以下の文章の空所に正しい語を入れなさい。

● リスニング問題を解く前には、選択肢やイラストなどの提示されている全ての情報を読んで ①[          ] をする必要がある。

● 準備をすることで、②[          ] のポイントを予想することができる。

● 短文の言い換え問題の準備では、選択肢の ③[          ] を探すことで大まかな内容を把握し、さらに ④[          ] を探して聞き取りのポイントを見つけ出すことが重要である。

● 正解選択肢と聞こえてくる英文は同じではなく、⑤[          ] られていることが多い。

| ① | ② | ③ |
|---|---|---|
| | | |

| ④ | ⑤ |
|---|---|
| | |

**2** 以下の選択肢を読み、聞き取りのポイントを予想しなさい。次に英文を聞き、英文内の空所に適切な語を書き入れ、英文の内容に最も近いものを㋐〜㋓から選びなさい。

① ㋐ The speaker arrived before the class began.

㋑ The speaker didn't show up for the class.

㋒ The speaker was just in time for the class.

㋓ The speaker was late for the class.

[聞き取りのポイント]（日本語で記載）

|  |
|---|

[英文]　When I _____ the classroom, the class _____ _____ _____.

| 英文 | | | |
|---|---|---|---|
| | | | |

| ① |
|---|
| |

✓ CHECK
41講で学んだこと

□ 英文の音声が流れる前に準備をする
□ 選択肢の同じところを探して大まかな内容を把握する
□ 選択肢の違うところを探して聞き取りのポイントを見つける

**42講**　位置関係を聞き取れるようになる

# 地図問題の準備

▶ ここからはじめる　地図や物の配置に関するイラスト問題などでよく登場する場所を説明する表現を学びましょう。文字でメモを取るのではなく、イラスト上で場所を確認しながら聞くようにするといいですよ。

地図などの**位置関係**に関する問題に対応する力を養成しましょう。

## POINT 1 位置関係の描写には決まったフレーズが使われることが多い

**地図**などの**位置関係を問う問題**が出題された場合も、事前の準備が大切です。どのような準備をすべきか、またどのように位置関係は描写されるのか、以下の地図を使って確認してみましょう。

準 備

❶　地図問題の準備をしてみましょう。

```
King                Movie                          N
Street              theater           Bank        ↑

                         Mailbox
Oak
Street

                   Bakery        Bookstore       Florist
```

|手順1|　**読み取れる情報をすべてチェック**する

まずはどのような建物があるか、書かれている場合は現在地や東西南北 N↑ などを確認します。

|手順2|　**それぞれの位置関係が英語でどのように描写されるか予想する**
問われている建物の位置がどのように描写されるか考えておくと聞き取りやすくなります。位置関係の描写には決まった表現が用いられることが多いので、覚えておきましょう。

 上の地図がどのように描写されるか考えてみたあとで、表現をチェックしてみましょう。

🔊 TRACK 151

A mailbox is **in front of** the theater.　　訳 郵便ポストは映画館**の前**にあります。
↔ The theater is **behind** a mailbox.　　訳 映画館は郵便ポスト**の後ろ**にあります。
　　　　/bəháind/「バ[ビ]ハィン(ド)」(〜の後ろに)
The theater is **next to** the bank.　　訳 映画館は銀行**の隣**にある。
　　　　/nékstə/「ネクストゥ[タ]」(〜の隣に)
The bank is **opposite** the bookstore.　　訳 銀行は本屋**の向かい側**(反対側)にあります。
　　　　/ápəzit/「アパジッ(ト)」(〜の向かい側に)
　　　　※ across from 〜も覚えておきましょう。
The bookstore is **between** the bakery **and** the florist.　　訳 本屋はパン屋と花屋**の間**にあります。
The bakery is **on the south corner of** Oak Street and King Street.
訳 パン屋はオークストリートとキングストリート**の南の角**にあります。

演 習

**1** 音声を聞いて空所を埋め、英文を完成させなさい。また、A〜Eの建物名を書きなさい。 🔊 TRACK 152

| A | Post Office | B |

| Super-market | C |

| Florist | D | Drugstore |

| E | Hotel |

① The bookstore is _____ the supermarket.

| ① | HINT 2 words |

② The shoe store is _____ the florist.

| ② | HINT 2 words |

③ The post office is _____ the bookstore and the dry cleaner.

| ③ | HINT 1 word |

④ The cafe is _____ the drugstore.

| ④ | HINT 1 word |

⑤ The gas station is _____ the supermarket.

| ⑤ | HINT 4 words |

| A | B |

| C | D |

| E |

✔ CHECK
42講で学んだこと

☐ 地図問題の準備は建物・現在地・東西南北などをチェック
☐ 位置関係を表す表現を覚える

**43講** グラフや表の描写を聞き取れるようになる

# グラフ問題の準備①（円グラフ）

▶ ここからはじめる　グラフ描写問題に挑戦してみましょう。やや複雑な描写を聞き取るには、まずは自分でもグラフの数値などを説明する力が必要です。以前学習した比較表現や分数なども登場しますよ！

円グラフ（a pie chart）を使って、グラフ描写問題で音声が流れる前にするべき準備や、用いられることが多いフレーズを確認します。

**POINT 1** **25%・50%・○倍を見つけておこう**

準 備

❶　グラフ描写問題の準備をしてみましょう。

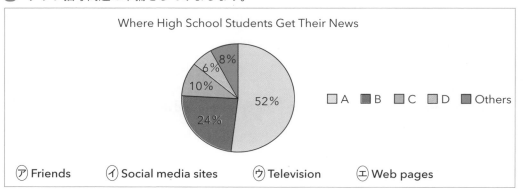

Where High School Students Get Their News

52%　24%　10%　6%　8%

□A　■B　□C　□D　■Others

㋐ Friends　㋑ Social media sites　㋒ Television　㋓ Web pages

**手順1** **円グラフのタイトルを読む**
円グラフのタイトルを読んで何に関するグラフなのかを確認します。上の円グラフは『高校生はどこでニュースを入手するのか』についてです。

**手順2** **選択肢を読む**
選択肢を頭の中で読み上げてどのような項目があるのか確認しましょう。そうすることで、**どんな音が聞こえたら注意して聞くべきか準備ができます。選択肢の項目**はそのまま読み上げられる場合もありますが、**言い換えられている場合が多い**ので注意しましょう。

**手順3** **数値をチェックしどのように読み上げられるか予想する**
**数値を英語に変換**したり、**○倍で描写できる関係性の数値**を探したりして準備しましょう。数値の読み上げには比較表現や分数が用いられることが多く、25%や50%に近い数値や最も人気の選択肢、描写しやすい倍数関係の数値は言及される可能性が高いので見つけておきましょう。

🔊 TRACK 153

A was **the most popular choice**.　　訳　Aが**最も人気の選択肢**でした。

About **half** of the students selected A.　　訳　約**50%**の生徒がAを選びました。
※ half ＝ 100%の2分の1 ＝ 50%

About **a quarter** of the students chose B.　　訳　約**25%**の生徒がBを選びました。
※ a quarter ＝ 100%の4分の1 ＝ 25%

**The third most popular** choice is C.　　訳　**3番目に最も人気**の選択肢はCです。
※ the ＋序数＋最上級（～番目に最も…）

**1** 左ページで準備した円グラフについての説明音声を聞いて空所を埋め、英文を完成させなさい。また、A〜Dに当てはまるものを⑦〜⑤から選びなさい。 🔊 TRACK 154

Where High School Students Get Their News

⬜A ⬛B ⬜C ⬜D ⬛Others

⑦ Friends　　⑦ Social media sites　　⑦ Television　　⑤ Web pages

One hundred high school students were asked where they get their news. They were told to choose one from five options: **websites**, **social media**, **television**, **friends** and others.

① "Television" was _____ choice.

> ①　　　　　　　　　　　　　　　　　　　　　　HINT 4 words

② _____ of the students got their news through TV.

> ②　　　　　　　　　　　　　　　　　　　　　　HINT 2 words

③ "Social media" received about _____ all the votes.

> ③　　　　　　　　　　　　　　　　　　　　　　HINT 3 words

④ "Websites" was _____ popular option.

> ④　　　　　　　　　　　　　　　　　　　　　　HINT 3 words

⑤ The number of people who chose "websites" was _____ that of people who got their news from their friends.

> ⑤　　　　　　　　　　　　　　　　　　　　　　HINT 3 words

⑥ The number of people who got their news on social media was _____ as large as that of people who selected "friends".

> ⑥　　　　　　　　　　　　　　　　　　　　　　HINT 3 words

> A
>
> B
>
> C
>
> D

✔ CHECK
43講で学んだこと

☐ 円グラフを描写する問題はグラフのタイトル・選択肢・数値を読む
☐ 数値の描写には比較表現や分数などが用いられることが多い
☐ 25%・50%・○倍の数値を見つけておく

# 44講　グラフや表の描写を聞き取れるようになる
# グラフ問題の準備② (棒グラフ)

▶ ここからはじめる　43講に続き、グラフの読み上げについて練習します。今回は1つのグラフについての描写ではなく、複数あるグラフの中から読み上げの描写にあうグラフを選ぶ練習をしましょう。

棒グラフ (a bar chart) を使い、複数あるグラフの中から適したものを選ぶ練習をします。音声が流れる前にするべき準備や、用いられることが多いフレーズもチェックしましょう。

## POINT 1　最大値・最小値やグラフの傾向を確認しておこう

グラフが複数ある場合はどのような準備が必要か、以下のケースで確認しましょう。

準備

❶　描写に適したグラフを選ぶ問題の準備をしてみましょう。

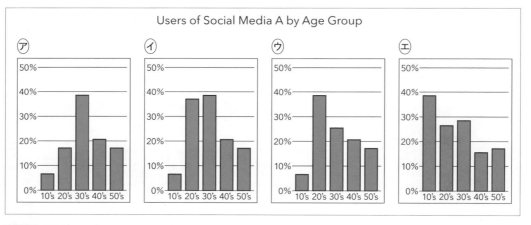

Users of Social Media A by Age Group

⎡手順1⎤ **棒グラフのタイトル・縦軸・横軸を読む**

まずは棒グラフのタイトル・縦軸・横軸を読んで、テーマを確認しておきましょう。上のグラフは『ソーシャルメディアAの年齢層別利用者』に関するもので、縦軸が『利用率を表すパーセンテージ』、横軸は『年齢層』についてだとわかります。

⎡手順2⎤ **グラフ同士を見比べ、聞き取りのポイントを予想する**

複数のグラフの中から1つを選ぶ問題では、事前にそれぞれのグラフの特徴を捉えておくことが重要です。特に、最大値・最小値とグラフのおおよその傾向(上昇傾向か下降傾向かなど)を確認しておくようにしましょう。ここでも比較のフレーズ、特に最上級が用いられることが多いです。例えば、㋐のグラフであれば、以下のような情報が読み取れます。

🔊 TRACK 155

**The largest age group** of users is those in their thirties.
📖 **最も**使用者の人数が**多い年齢層**は30代だ。

People aged 10 to 19 are **the least likely** to use this social media.　　※ the + least 〜 (最も少ない〜)
📖 10-19歳の人々はこのソーシャルメディアを利用する**傾向が最も低い**。

演 習

**1** 左ページで準備した棒グラフについての説明音声を聞いて空所を埋め、英文を完成させなさい。また、説明に最も適したグラフを⑦〜エから1つ選びなさい。 🔊 TRACK 156

⑦
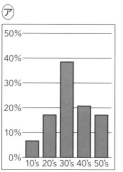

⑦
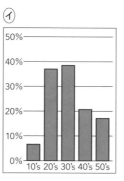

⑨
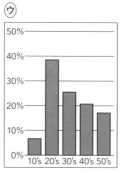

⑤
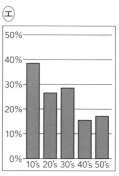

① _____ group for this social media is those in _____, with a share of almost 40%.

① [                                        ] 🔅 HINT 3 words / 2 words

② The number of users in their thirties is _____ that of users in their twenties.

② [                                        ] 🔅 HINT 3 words

③ The _____ largest user groups were those in their forties and fifties, at 20% and _____ % respectively.

③ [                                        ] 🔅 HINT 3 words / 1 word

④ The 10-19 age group is _____ to use this social media.

④ [                                        ] 🔅 HINT 3 words

［最も適したグラフ］ [          ]

 ✔ CHECK
44講で学んだこと

□ 棒グラフを描写する問題はまずグラフのタイトル・縦軸・横軸を読む
□ 最大値・最小値・グラフのおおよその傾向を確認する

Chapter 5

問題を解く準備をしよう ── 44講 ▼ グラフ問題の準備②（円グラフ）

**45講** 選択肢をチェックして聞き取りのポイントを把握する

# 問題文が書かれていない問題の準備

▶ ここからはじめる 選択肢だけが問題冊子に載っている会話文問題の練習をしてみましょう。このタイプに対応するためには、やはり選択肢の同じところ・違うところを確認して準備をしておく必要があります。

問題文が書かれていない**会話文タイプ**の問題も、**選択肢を丁寧に確認して準備をし、聞き取りのポイント**を探しましょう。選択肢を読み、問題の大まかな内容をつかむために同じところを見つけ、その上で違うところにフォーカスすることで、**聞き取りのポイント**は見えてきます。

## POINT 1 「聞き取りのポイント」を見つけておき、情報を求めておく

会話文タイプの問題における聞き取りのポイントを、以下のケースで確認しましょう。

準備

❶　問いの答えとして最も適切なものを選びなさい。
　㋐ At the east exit.
　㋑ At the west exit.
　㋒ At a public library.
　㋓ At a convenience store.

**手順1 選択肢の同じところを探す**
すべての選択肢が At 〜で始まっているので、場所についての会話であることがわかります。そのため、問題文は Where 〜?と予想できます。

**手順2 選択肢の違うところを探す**
次に、**同じところ**を踏まえた上で**違うところ**を探します。㋐・㋑が出口で、㋒は公立図書館、㋓はコンビニと具体的な場所が違うため、どの場所なのかが**聞き取りのポイント**のようです。特に出口は east「イース（ト）」（東）と west「ウェス（ト）」（西）の2つがあるので、**正解を選ぶための重要情報**である可能性が高いのではないか、ということも予想できます。

 選択肢を頭の中で読み上げておくと、聞こえてくる音に対しても準備できますよ。

**手順3 確認した聞き取りのポイントを踏まえて会話文を聞く**
実際に音声を聞くときは、何となく聞くのではなく、予想した**聞き取りのポイントに関係する情報**を求めて会話文を聞きましょう。

**手順4 問題文の内容語を聞き取る**
こうした問題の音声では**5W1H情報、動詞**など強く聞こえてくる内容語が聞き取りのポイントになります。また、今回のように会話文タイプの問題文は疑問詞がポイントとなることが多いので、**冒頭部分を聞き逃さない**ように注意しましょう。2度読み上げられる場合は、問題文の内容を踏まえて聞きます。

**1** 左ページで準備した問題について音声を聞いて空所を埋め、英文を完成させなさい。さらに、問題文の返答として最も適切なものを⑦～⊕から選びなさい。 🔊 TRACK 157

[会話文]
W： I can't see you.  What can you see from where you are?
M： Well, there's a public library and a convenience store.
W： Oh, okay.  You're at the ＿＿＿＿ ＿＿＿＿.  I told you to come to the ＿＿＿＿ exit.

|  |  |  |
|---|---|---|
|  |  |  |

[問題文]
＿＿＿＿ is the woman now?

|  |
|---|
|  |

⑦ At the east exit.

④ At the west exit.

⑦ At a public library.

⊕ At a convenience store.

[最も適切なもの]

|  |
|---|
|  |

**2** 音声を聞いて空所を埋め、英文を完成させなさい。 🔊 TRACK 158

① ＿＿＿＿ is the ＿＿＿＿ ＿＿＿＿?

| ① |  |  |
|---|---|---|
|  |  |  |

② ＿＿＿＿ ＿＿＿＿ will it take to get to the ＿＿＿＿?

| ② |  |  |
|---|---|---|
|  |  |  |

③ ＿＿＿＿ came to ＿＿＿＿ ＿＿＿＿?

| ③ |  |  |
|---|---|---|
|  |  |  |

④ ＿＿＿＿ ＿＿＿＿ does the store usually ＿＿＿＿?

| ④ |  |  |
|---|---|---|
|  |  |  |

**✔ CHECK**
**45講で学んだこと**

□ 選択肢の同じところと違うところを探す
□ 聞き取りのポイントに関する情報を求めて聞く
□ 会話文タイプの問題文は冒頭の疑問詞を聞き逃さないようにする

河合塾講師。「英語問題作成所」ディレクター。高校での指導経験のほか、米国でインターンとしての指導経験を持つ。河合塾では文法からリスニングまでの幅広いジャンル、基礎から難関までの幅広いレベルの講座や映像授業を担当し、同時に教材の執筆も手掛けている。TOEIC L&R 990点満点。著書に『キリトリ式でペラっとスタディ！中学英語の総復習ドリル』（学研）。

**著者 高山のぞみ**

KOKOKARA DRILL SERIES
大学入試 HAJIMERU

## 高山のここからはじめる英語リスニングドリル

### PRODUCTION STAFF

| | |
|---|---|
| ブックデザイン | 植草可純　前田歩来（APRON） |
| 著者イラスト | 芦野公平 |
| 本文イラスト | 近藤圭恵 |
| 企画編集 | 高橋龍之助（Gakken） |
| 編集担当 | 高橋龍之助　木村叡（Gakken） |
| 編集協力 | 株式会社 オルタナプロ |
| 校正 | 奥山令雄　渡辺泰葉　内田大義 |
| 英文校閲 | 日本アイアール株式会社 |
| 販売担当 | 永峰威世紀（Gakken） |
| 音声収録 | （財）英語教育協議会 |
| データ作成 | 株式会社 四国写研 |
| 印刷 | 株式会社 リーブルテック |

**読者アンケート ご協力 の お願い**

この度は弊社商品をお買い上げいただき、誠にありがとうございます。本書に関するアンケートにご協力ください。右のQRコードから、アンケートフォームにアクセスすることができます。ご協力いただいた方のなかから抽選でギフト券（500円分）をプレゼントさせていただきます。

**アンケート番号：305687**　※アンケートは予告なく終了する場合がございます。

KOKOKARA DRILL SERIES

★大学★
HAJIMERU
入試

高山のここからはじめる英語リスニングドリル

別 冊

# 解答

# 解説

Answer and Explanation
A Workbook for Students to Get into College
English Listening by Nozomi Takayama

**Gakken**

軽くのりづけされているので、外して使いましょう。

高山のここからはじめる英語リスニングドリル

## 別冊 解答解説

答え合わせのあと
必ず解説も読んで
理解を深めよう

MEMO

Chapter 1
01講

# 子音の出されかた

演習の問題 ➡ 本冊P.19

**1** ①子音　②舌　③有声　④口　⑤息　⑥喉

**1**

① **解答** 子音

言語には**子音**と**母音**があります。

② **解答** 舌

子音は唇・舌・歯などを使って、息の流れを邪魔することで出されます。

③ **解答** 有声

子音には喉をふるわせて出す**有声音**と、喉をふるわせずに出す**無声音**があります。

④ **解答** 口

子音を学習する際には、舌を口のどの部分に置くのかを意識しましょう。このように、口のどこを使って出されるかがポイントです。

⑤ **解答** 息

子音を学習する際には、息がどのように出されるのかがポイントです。強く吐き出したり、破裂させたり、摩擦を起こしたり、鼻に通したり…などが考えらます。

⑥ **解答** 喉

子音には喉をふるわせて出す有声音と、喉をふるわせずに出す無声音があるため、子音を学習する際には、喉をふるわせるかどうかを確認する必要があります。

アドバイス

**英語と日本語の子音の数**

英語の子音の数は約24、日本語の子音の数は約15と言われています。英語の方が子音の数が多い＝**日本語にない音がたくさんある**ということです。**母語にない音は当然聞き取りづらくなる**ので、繰り返し発音したり聞いたりすることで**聞き覚えのある音に変えていく**ことが大事ですよ。

## Chapter 1
# 02講 「ば行」の聞き取り

演習 の問題 → 本冊 P.21

**1** ①⑦ ②⑦ ③④ ④⑦ ⑤④
**2** ①④ ②⑦
**3** ① very・gloves ② beer・boat ③ vote・barely ④ vest・best ⑤ globe・lives

---

**1**

① 解答 ⑦ bat /bǽt/「ベェァ(ト)」(バット)
訳 トムは彼のバットを学校に忘れてきた。
batの/t/のように破裂する音が単語の終わりに来ると、その音を出すために改めて息を破裂させないため、はっきり聞こえないことが多くなります。
→21講

② 解答 ⑦ boat /bóut/「ボオゥ(ト)」(ボート)
訳 私の父は私に大きなボートをくれた。

③ 解答 ④ vase /véis/「ヴェィス」(花瓶)
訳 あそこにある花瓶は美しい。
🇬🇧(イギリス英語)では /vάːz/「ヴァーズ」と発音されます。

④ 解答 ⑦ best /bést/「ベス(ト)」(全力)
訳 あなたは全力を尽くすべきだ。
do one's best(全力を尽くす)も重要です。

⑤ 解答 ④ gloves /glʌ́vz/「グラヴズ」(手袋)
訳 ノアはクリスマスに私に手袋を買ってくれた。
globe(s)は /glóub/「グロゥ(ブ)」(地球(儀))です。スペルはoですが、glove は口を軽く開けて喉から出す「あ」、globe は「おぅ」となります。

- - - - -

▶ 音のポイント
/b/ 息の破裂を感じる音
/v/ 息の摩擦を感じる音

**2**

① 解答 ④ very /véri/「ヴエリィ」(非常に)
berry/béri/「ベリィ」(ベリー)と区別しましょう。

② 解答 ⑦ curb /kə́ːrb/「カーブ」(縁石)
curve/kə́ːrv/「カーヴ」(カーブ、曲線)と区別しましょう。

**アドバイス**

**スペルの最後のeは発音のヒントとなる**
vaseやglobeのようにスペルの最後がeで終わると、そのeは発音されず、eの1つ前の母音が二重母音化することがあります。常に適応されるルールではありませんが、覚えておくと役立ちますよ。

---

- vase「ヴェィス」 ×「ヴァセ」
  aは二重母音化し /ei/「えぃ」となる
- globe「グロゥブ」 ×「グロベ」
  oは二重母音化し /ou/「おぅ」となる

**3**

① 解答 very /véri/「ヴエリィ」(非常に)・gloves /glʌ́vz/「グラヴズ」(手袋)
訳 今日はとても暑いので、手袋を取るべきだ。
take off 〜(〜を脱ぐ、〜を取る)が「テイコフ」のようにつながって聞こえることにも注意しましょう。

② 解答 beer /bíər/「ビア」(ビール)・boat /bóut/「ボオゥ(ト)」(ボート)
訳 私の父はボートの上でビールを飲むのが好きだ。
have a「ハヴァ」やon a「オナ」のように子音と母音がつながって聞こえることにも注意しましょう。

③ 解答 vote /vóut/「ヴオゥ(ト)」(投票)・barely /béərli/「ベェァリ」(ほとんど〜ない)
訳 私は彼のことをほとんど知らなかったので、トムに投票しなかった。
himの最初の/h/は、はっきり聞こえないこともあります。→22講

④ 解答 vest /vést/「ヴェス(ト)」(ベスト)・best /bést/「ベス(ト)」(最も良いもの)
訳 店員がこのベストが彼女の店では一番良いものだと私に言いました。
リスニングでは英文の内容を考えることも似た発音の単語を区別する際に大きなヒントになります。

⑤ 解答 globe /glóub/「グロゥ(ブ)」(地球(儀))・lives /lívz/「リヴズ」(住む、live＋三単現のs)
訳 ジムおじさんは世界中を旅したが、彼は今オーストラリアに住んでいる。
and以降はnow heと続いていることから、liveに三単現のsをつけ忘れないこともポイントです。聞き取りづらい音も、文法知識を用いて補いましょう。

3

---

**1** ①ア ②イ ③イ ④ア ⑤イ

**2** ①ア ②ア

**3** ① height ② feel・honey ③ hair・fold ④ hat・hook ⑤ hall・failed

---

**1**

① 解答 ア funny /fʌ́ni/「ファニ」(おかしい)
訳 あなたがそう言うなんて奇妙だ。

② 解答 イ hill /híl/「ヒゥ[ル]」(丘)
訳 私の祖父母はその丘の近くに住んでいる。

③ 解答 イ hire /háiər/「ハイア」(〜を雇う)
訳 私の上司は彼を雇いたい。
fire/fáiər/「ファイア」は(〜を解雇する)を意味し、聞き間違えると真逆の意味になるので注意しましょう。

④ 解答 ア fat /fǽt/「フェァ(ト)」(太った)
訳 オリヴァーは太っているが健康的な猫だ。

⑤ 解答 イ heights /háits/「ハィツ」(高さ、height の複数形)
訳 ソフィアは高所恐怖症だ。
height は「ヘイト」と発音したくなりますが、「ハィ(ト)」であることに注意しましょう。

- - - - - - - - - - - - - - - - - - - - - - -

▶ 音のポイント
/f/ 息の摩擦を感じる音
/h/ 喉の奥から出された音

- - - - - - - - - - - - - - - - - - - - - - -

**2**

① 解答 ア fall /fɔ́:l/「フォーゥ[ル]」(落下する)

② 解答 ア five /fáiv/「ファイヴ」(5)

**3**

① 解答 height /háit/「ハィ(ト)」(高さ)
訳 富士山の高さはどのくらい?
What is の /t/ は母音にはさまれているため、特に■■(アメリカ英語)で「ワッリズ」のように聞こえることが多いです。 →24講

② 解答 feel /fí:l/「フィーゥ[ル]」(感じる)・honey /hʌ́ni/「ハニ」(はちみつ)
訳 もし疲れているなら、はちみつ入りの紅茶を飲んだらどう?
why don't you do〜?(〜してはどうですか?)も重要表現です。

③ 解答 hair /héər/「ヘァ」(髪の毛)・fold /fóuld/「フォゥゥ(ド)」(〜を折る)

訳 長い髪の女性が私たちに折り鶴の折りかたを教えてくれた。
空所直前の A woman with 〜(〜のある女性)などのような内容も聞き取りのヒントになります。

④ 解答 hat /hǽt/「ヘァ(ト)」(帽子)・hook /húk/「フック」(フック)
訳 あなたの帽子をあそこのフックにかけておいて。

> **アドバイス**
>
> 日本語にない音はスペルミスが起こりやすい
>
> 日本語の「は行」は /h/、/ç/、/ɸ/ のように、3つの発音記号が混在していますが、/f/ の音はありません。/f/ のように日本語にない音は、一番近い音で代用して理解してしまうため、スペルミスが起こりやすいです。よって、
>
> ・f と h を混同したミス 例 hook のつもりで fook
> ・v と b を混同したミス 例 vest のつもりで best
> ・r と l を混同したミス 例 rate のつもりで late
>
> のような間違えが起こってしまいます。単語を覚える際に正しい発音を確認することは、リスニングのためだけではなく、正しいスペルを覚えるためにも重要です。

⑤ 解答 hall /hɔ́:l/「ホーゥ[ル]」(ホール、廊下)・failed /féild/「フェィゥ(ド)」(fail の過去形)
訳 ホールは非常に混んでいたので、私は彼を見つけられなかった。
failed の /d/ と to の /t/ の音が似ているため、/d/ がはっきり聞こえないことがあります。 →20講
このような場合も聞き取りづらいところは文法知識で補うことがポイントです。この文では、1つ目の空所の後ろに過去形の was があることから、fail も過去形にするべきだと判断しましょう。

**1** ①⑦ ②⑦ ③④ ④④ ⑤④

**2** ①④ ②⑦

**3** ① grass・grows ② correct・wrong ③ read・royal ④ lake・bright ⑤ alive・arrive

---

**1**

① **解答** ⑦ late /léit/「レィ(ト)」(遅れた)
   **訳** エマは今日学校に遅刻した。
   **be late for ～**(～に遅刻する)のカタチもヒントとなります。rate/réit/「ゥレィ(ト)」(割合)も音と意味を覚えておきましょう。

② **解答** ⑦ glass /glǽs/「グラァス」(コップ)
   **訳** コップ1杯の水をもらえる?

③ **解答** ④ pray /préi/「プゥエィ」(祈る)
   **訳** 世界平和のために祈ろう。
   **pray for ～**(～のために祈る)で覚えておきましょう。

④ **解答** ④ row /róu/「ゥロゥ」(列)
   **訳** 私は教室の前列に座った。

⑤ **解答** ④ brush /brʌ́ʃ/「ブゥァシュ」(～を磨く)
   **訳** 寝る前に歯を磨くのを忘れないで。
   続く your teeth から、**brush one's teeth**(歯を磨く)と予想できます。なお、blush/blʌ́ʃ/「ブラシュ」は(赤面する)です。

- - - - - - - - - - - - - - - - - - - - -

▶ **音のポイント**
/l/ 比較的はっきりと聞こえる音
/r/ 少しこもった印象の音
※ /r/ は「ゥ」のような音が入って聞こえることもあります。

- - - - - - - - - - - - - - - - - - - - -

**2**

① **解答** ④ wrong /rɔ́:ŋ/「ゥロン(グ)」(間違った)
   long/lɔ́:ŋ/「ローン(グ)/ラン(グ)」(長い)との区別がニガテな人が多いです。最初に「ゥ」が聞こえるかどうかに注意しましょう。

② **解答** ⑦ loyal /lɔ́iəl/「ロィァゥ[ル]」(忠実な)

**3**

① **解答** grass /grǽs/「グルゥァス」(草)・grows /gróuz/「グゥオゥズ」(育つ、grow + 三単現の s)
   **訳** 裏庭の草は夏により速く育つ。

② **解答** correct /kərékt/「カゥエク(ト)」(正しい)・wrong /rɔ́:ŋ/「ゥロン(グ)」(間違った)
   **訳** この文が正しいか間違っているか教えてください。

sentence is は「センテンスィーズ」のように聞こえることもあります。そういう場合は文法知識から sentences ではなく **sentence(S)is(V)** として理解するのが重要です。

③ **解答** read /réd/「ゥウェッド」(read の過去形)・royal /rɔ́iəl/「ゥロィァゥ[ル]」(国王の)
   **訳** イギリス王室についての本を読んだ。
   red/réd/「ゥレッド」(赤い)と read(read の過去形)は同じ発音ですが、内容や構造を考えて動詞が必要であることを見抜きましょう。→36講

④ **解答** lake /léik/「レィ(ク)」(湖)・bright /bráit/「ブゥアィ(ト)」(輝いている)
   **訳** とても晴れた日だったので、湖はとても輝いていた。

**アドバイス**

**/l/ なのに「ウ」に聞こえる?**

発音する際に唇・舌先を丸めるため /r/ は「ゥ」のような響きが入るということを確認しましたが、**/l/ はそれ自体が「う」や「お」のように聞こえることがあります。**これは、特に /l/ の後ろに子音が続く場合、もしくは /l/ で単語が終わる場合に起こります。

• /l/ + 子音
  milk/mílk/「ミゥク」(牛乳)

• /l/ で終わる
  loyal/lɔ́iəl/「ロィァゥ[ル]」(忠実な)

このような性質を知らずに、milk「ミルク」や loyal「ロイヤル」のようにはっきりと /l/ が聞こえると思っていると、**知っているはずの単語でも聞き取れないことがある**ので要注意です。

⑤ **解答** alive /əláiv/「アラィヴ」(生きて)・arrive /əráiv/「アゥライヴ」(到着する)
   **訳** 私がそこに到着するときに、愛犬はまだ生きていることを願う。
   when I は「ウエナィ」のように子音で終わる語に母音が続くとつながって聞こえることに注意です。

---

1 ① ⑦ ② ⑦・⑦ ③ ⑦ ④ ⑦ ⑤ ⑦
2 ① ⑦ ② ⑦
3 ① She's・youth ② seems・worse ③ passed・thumbs ④ shave・shock ⑤ forced・myths

---

**1**

① **解答** ⑦ mouse /máus/「マゥス」(ねずみ)
**訳** 私はキッチンでねずみを見た。

② **解答** ⑦ sick /sík/「シィ(ク)」(病気の)
・⑦ she'll /ʃíːl/「シィーゥ」(she will の短縮形)
**訳** 私の娘は病気だ。早く良くなるといいのだけど。

③ **解答** ⑦ worth /wə́ːrθ/「ワース」(価値がある)
**訳** ルーカスはロンドンは訪れる価値があると言った。
**be worth doing(〜する価値がある)** も重要です。

④ **解答** ⑦ theme /θíːm/「シーム」(テーマ)
**訳** 今日の議論のテーマは地球温暖化である。
「テーマ」は和製英語ですので、**正しい発音を覚えておきましょう。** →25講

⑤ **解答** ⑦ seat /síːt/「シー(ト)」(座席)
**訳** ここに座ってしばらくお待ちください。
**have a seat(座る)** と **for a while(しばらくの間)** も覚えておきましょう。

- - - - - - - - - - - - - - - - - - - - - -

▶ 音のポイント
/s/ 鋭い音
/ʃ/ シューと摩擦を感じる音
/θ/ スーと息が漏れているような音

**2**

① **解答** ⑦ thumb /θʌ́m/「サム」(親指)

アドバイス

発音されないb

thumb は「サムブ」ではなく /θʌ́m/「サム」と発音されます。このように **発音されないアルファベット** は黙字と呼ばれ、以下のようなものがあります。

• b 例 doubt /dáut/「ダゥ(ト)」(〜を疑う)
• d 例 Wednesday /wénzdei/「ウェンズディ」(水曜日)
• g 例 foreign /fɔ́ːrən/「フォーゥリン」(外国の)
• gh 例 high /hái/「ハィ」(高い)
• k 例 knight /náit/「ナィ(ト)」(騎士)

---

② **解答** ⑦ save /séiv/「セィヴ」(〜を救う)
日本語では shave/ʃéiv/「シェィヴ」(〜をそる)は「シェーブ」、save は「セーブ」とのばして発音されますが、英語では「えぃ」の音が含まれることに注意です。

**3**

① **解答** She's /ʃíːz/「シィーズ」(she has の短縮形)・youth /júːθ/「ユース」(青年期)
**訳** 彼女は若い頃からヴァイオリンを弾いている。
後ろに続く **been** や **since** から、**現在完了のカタチを事前に予想しておきましょう。** →32講

② **解答** seems /síːms/「シームス」(〜のように思われる、seem + 三単現の s)・worse /wə́ːrs/「ワース」(bad の比較級)
**訳** 天気は悪くなってきているようだ。
主語の The weather(三人称)から、聞き取りづらい **三単現の s も文法的に補って書きましょう。**

③ **解答** passed /pǽst/「ペァス(ト)」(〜に合格した、pass の過去形)・thumbs /θʌ́mz/「サムズ」(親指)
**訳** 彼が親指を立てるしぐさをしてくれたので、面接に受かったと思う。
pass は ▀▀ では /pǽs/「ペァス」ですが、▀▀ では /pɑ́ːs/「パース」と発音されます。thumbs(-)up(親指を立てるしぐさ)の thumbs は **母音で始まる** up とつながり、「サムザッ(ブ)」のように聞こえることがあります。

④ **解答** shave /ʃéiv/「シェィヴ」(〜をそる)・shock /ʃák/「シャ(ク)」(〜にショックを与える)
**訳** 君はひげをそるべきだよ。そうじゃないと、人にショックを与えるよ。
should/ʃúd, ʃəd/「シュ(ド)」(〜すべきだ)にも /ʃ/ が含まれています。

⑤ **解答** forced /fɔ́ːrst/「フォース(ト)」(force の過去形)・myths /míθs/「ミッス」(神話、myth の複数形)
**訳** 父は私に無理やり日本神話を勉強させた。

**1** ① ④ ② ⑦ ③ ④ ④ ④

**2** ① Russia・Asia ② usually・decisions ③ without・leisure ④ breathe・bathe

⑤ introduction・conclusion ⑥ cease・amaze

---

**1**

① **解答** ④ clothes /klóu(ð)z/「クロッズ」(衣服)

訳 私は服をクリーニング屋に持っていく必要がある。

clothes は発音に注意が必要です。/ð/ のあとに /z/ を出すことは舌の移動が大変なので、基本的に **clothes は(/ð/ の音は出さずに)/z/ だけが発音されます**。そのため、close/klóuz/ と clothes/klóu(ð)z/ はほとんど同じ発音に聞こえますが、内容や closes/klóuziz/ のように -s の /iz/ が聞こえないことや内容を考慮し、clothes を選びましょう。

② **解答** ⑦ breeze /brí:z/「ブ(ゥ)リーズ」(そよ風)

訳 涼しいそよ風が私のほほに触れた。

**アドバイス**

**-th の発音の変化**

th は /θ/ か /ð/ があてられますが、-th/θ/ で終わる名詞に e をつけると **-th/ð/ に発音が変化する**ことがあります。また、この場合の母音の変化も注目してください。

- breath /bréθ/「ブ(ゥ)レス」(息)
  →breathe /brí:ð/「ブ(ゥ)リーズ」(呼吸する)
- cloth /klɔ́:θ/「クロース」(布)
  →clothe /klóuð/「クロッズ」(~を着せる)
- bath /bǽθ/「ベァス」(入浴)
  →bathe /béið/「ベィズ」(~を入浴させる)

③ **解答** ④ pressure /préʃər/「プ(ゥ)レッシャ(ァ)」(圧力)

訳 僕は月曜までにこのレポートを終わらせなければならないというプレッシャーを感じている。

**under pressure(プレッシャーを感じて)**も重要です。なお、pressure と pleasure/pléʒər/「プレジャ(ァ)」(喜び)は、/s/ と /ʒ/ の違いだけでなく、/r/ と /l/ の違いも含まれています。

④ **解答** ④ bathe /béið/「ベィズ」(~を入浴させる)

訳 どのくらいの頻度で犬を洗うべきだろう?

▶ 音のポイント

/z/ 鋭い音

/ʒ/ ジューと摩擦を感じる音

/ð/ ズーと息が漏れているような音

---

**2**

① **解答** Russia /rʌ́ʃə/「ゥラシャ」(ロシア)・Asia /éiʒə/「エィジャ」(アジア)

訳 ロシアはアジアの一部なの?

両方とも**日本語と発音が大きく違う**ので注意しましょう。

② **解答** usually /júːʒu(ə)li/「ユージュアリ」(たいてい)・decisions /disíʒ(ə)nz/「ディシジャンズ」(決定、decision の複数形)

訳 私の姉はたいてい決断をするのに長い時間がかかる。

③ **解答** without /wiðáut/「ウィズアゥ(ト)」(~なしに)・leisure /líːʒər/「リージャ」(余暇)

訳 今週は全く休みなしに働いている。

leisure は🇬🇧では /léʒə/「レジャ」と発音されます。

④ **解答** breathe /brí:ð/「ブ(ゥ)リーズ」(呼吸する)・bathe /béið/「ベィズ」(~を入浴させる)

訳 息つく暇もないわ。代わりに彼をお風呂に入れてくれる?

⑤ **解答** introduction /intrədʌ́kʃ(ə)n/「イントゥラダクシャン」(導入)・conclusion /kənklúːʒ(ə)n/「カンクルージャン」(結論)

訳 エッセイには導入、本文、結論が必要だ。

-tion や -sion の発音については **→28講** の解答のアドバイスを読んでみましょう。

⑥ **解答** cease /síːs/「シース」(~をやめる)・amaze /əméiz/「アメィズ」(~を驚かせる)

訳 彼らはいつも私を驚かせてくれるの!

cease は「シーズ」ではなく「シース」と発音されます。発音を間違えないように注意しましょう。

---

**1** ①イ ②イ ③イ ④ア

**2** ①ア ②ウ ③イ

**3** ① tongue・longer ② turn・term ③ tons・win ④ run・rung

---

**1**

① **解答** ⑦ neat /níːt/「ニー(ト)」(きちんとした)
訳 ミアは部屋をきれいにしている。

② **解答** ④ sung /sʌ́ŋ/「サン(グ)」(sing の過去分詞)
訳 ウィリアムは人前で歌ったことがない。

③ **解答** ④ swings /swíŋs/「スゥイングス」(振り回す、swing+ 三単現の s)
訳 彼のバットの振りかたを見てよ！彼はプロに違いないね。

④ **解答** ⑦ Turn /tə́ːrn/「ターン」(曲がる)
訳 右に曲がったら、あなたの右側に駅がありますよ。

▶ **音のポイント**
/m/ ハミングのようなこもった印象の音
/n/ 比較的はっきりした「ん」のような音
/ŋ/ 鼻濁音のような音
※それぞれの音に母音が続くと、判別しやすくなります。

---

**2**

① **解答** ⑦ sum /sʌ́m/「サム」(合計)

② **解答** ⑦ rung /rʌ́ŋ/「ゥラン(グ)」(ring の過去分詞)

③ **解答** ④ win /wín/「ゥイン」(勝つ)
この3つの音は、単語の最後にある場合は聞き分けるのがとても難しくなります。慣れるために、🔊020 をくり返し聞いてみましょう。

---

**3**

① **解答** tongue /tʌ́ŋ/「タン(グ)」(舌)・longer /lɔ́ːŋgər/「ロンガー」
訳 私の舌は君のよりずっと長い。
空所の後ろに than が続いていることから、longer と比較級のカタチを予想しましょう。

**アドバイス** 👩

**-ng- の発音**
単語に含まれる ng の発音は /ŋg/ のように /g/(グ)の音が入る場合と、/ŋ/ のように /g/ の音が入らない場合があります。**動詞 +er の場合は /ŋ/ と発音**

されます。

• /ŋg/
例 finger /fíŋgər/「フィンガー」(指)
anger /ǽŋgər/「ェアンガー」(怒り)

• /ŋ/(動詞 +er)
例 singer /síŋər/「シナー」(歌手)
hanger /hǽŋər/「ヘェアナー」(ハンガー)

② **解答** turn /tə́ːrn/「ターン」・term /tə́ːrm/「ターム」(期間)
訳 生徒は月曜までに期末レポートを提出するように求められている。
**turn in ～(～を提出する)はつながって「ターニン」のように「ニ」の音が聞こえます。be required to do(～することを求められている)**も覚えておきましょう。

③ **解答** tons /tʌ́nz/「タンズ」(トン、ton の複数形)・win /wín/「ゥイン」(勝つ)
訳 競争に勝つためにすべきことがかなりたくさんある。
**tons of ～(たくさんの～)は「タンゾブ」のようにつながって聞こえます。**

④ **解答** run /rʌ́n/「ゥラン」(走る)・rung /rʌ́ŋ/「ゥラン(グ)」(ring の過去分詞)
訳 リチャードは学校まで走ろうとしたが、残念ながらベルはすでに鳴っていた。
1つ目の空所は **tried to** の後ろなので動詞の原形、2つ目の空所は **had already** の後ろなので過去分詞が入ることを事前に予想して聞けたかがポイントとなります。

# 08講 「ちゃ」と「ぢゃ」の聞き取り

演習の問題 → 本冊 P.33

**1** ①ア ②イ ③ア ④ア ⑤ア
**2** ①ア ②ア ③イ
**3** ① languages・Jane ② chunk・cheese ③ drew・train ④ chicks・tree

---

**1**

① **解答** ア chunk /tʃʌ́ŋk/「チャン（ク）」（大きなカタマリ）
訳 ジョンおじさんは私たちに肉のカタマリを持ってきてくれた。

② **解答** イ joke /dʒóuk/「ヂョゥ（ク）」（冗談）
訳 ハーパーは自分の眼鏡についての冗談を言った。
**make a joke（冗談を言う）**も覚えておきましょう。

③ **解答** ア chew /tʃúː/「チュー」（〜を噛む）
訳 食べ物をちゃんと噛みなさい。
true/truː/のようにtrの音も「ちゅ」のように聞こえる傾向がありますが、trには/r/の響きが含まれます。

④ **解答** ア drunk /drʌ́ŋk/「ヂュゥラン（ク）／ドゥラン（ク）」（drink の過去分詞）
訳 その運転手は飲酒運転で逮捕された。
junk/dʒʌ́ŋk/「ヂャン（ク）」（がらくた）と似て聞こえますが、drunkには/r/の響きが含まれます。

⑤ **解答** ア trip /trʃ́p/「トゥリ（プ）/チュリ（プ）」（旅行）
訳 去年の夏友達とキャンプ旅行に行った。

- - - - - - - - - - - - - - - - - - - - - - - -

▶ 音のポイント
/tʃ/ 「ちゃ」に近い音
/tr/ 「ちゅ」のように/r/の響きを含んだかたまって聞こえる音
/dʒ/ 「ぢゃ」に近い音
/dr/ 「ぢゅ」のように/r/の響きを含んだかたまって聞こえる音

- - - - - - - - - - - - - - - - - - - - - - - -

**2**

① **解答** ア H /éitʃ/「エィチ」
age/éidʒ/「エィジ」（年齢、時代）と区別しましょう。

② **解答** ア drag /dræg/「ドゥラァ（グ）/ヂュラ（グ）」（〜を引っ張る）

③ **解答** イ trick /trík/「トゥリ（ク）/チュリ（ク）」（いたずら）

**3**

① **解答** languages /læŋgwidʒiz/「ラングゥィヂィズ」（言語、language の複数形）・Jane /dʒéin/「ヂェィン」（人名：ジェーン）
訳 ジェーンは何か国語話せるの？
language はカタカナでは「ランゲージ」と書かれますが、/gwi/「グゥィ」の音が含まれ「ラングゥィヂ」のように聞こえるので注意しましょう。

② **解答** chunk /tʃʌ́ŋk/「チャン（ク）」（大きなカタマリ）・cheese /tʃíːz/「チーズ」（チーズ）
訳 君はスーパーでチーズのカタマリを買ったの？

---

**アドバイス**

**/juː/ は何と発音する？**

/j/ の発音記号は「ジュ」とは読まれません。これは**や・ゆ・よ**に近い音ですが、日本語の「や・ゆ・よ」よりもはっきりした音になります。/júː/は「ユー」と発音され、you の発音記号を表したものです。

例 /jés/ 「(ユ)ィエス」→yes
/ʌ́njən/ 「アニャン」→onion

---

③ **解答** drew /druː/「ドゥルー／ヂュルー」（draw の過去形）・train /tréin/「トゥレィン／チュレィン」（電車）
訳 私の弟は電車の絵を描いた。

④ **解答** chicks /tʃík/「チィ（ク）」（ひよこ、chick の複数形）・tree /tríː/「トゥリー／チュリー」（木）
訳 その木の下に何匹かのひよこがいる。
1つ目の空所の前に There are some とあるので、空所には複数形の名詞が入ることを事前に予想しておきましょう。

---

**1** ① 母音　② 多い　③ はっきりした　④ 舌　⑤ カタチ

---

**1**

① **解答** 母音

言語には子音と母音があります。この講では母音について学んでいきましょう。

② **解答** 多い

英語の母音の数は26（諸説あり）、日本語の母音の数は5なので、英語の母音の数が圧倒的に多いことになります。

③ **解答** はっきりした

本文にも記載しましたが、「:」の記号がついている母音は、ついていない母音と比べてはっきりした（長い）音になります。例えば、日本語の「い」に関係する音には /iː/ と /i/（/ɪ/）の2種類があります。/iː/ は /i/ を伸ばした音ではなく、別の音であることも意識しましょう。

> **アドバイス**
>
> 「:」の記号がついている母音とついていない母音
>
> 日本語の母音は5種類それぞれにつき**短母音**（例 い）と**長母音**（例 いー）があり、**長母音は短母音をのばしたもの**ですが、**1** ③で例として挙げたように /i/ と /iː/ は別の音です →13講。これは、例えば「おじさん」の「じ」をのばして「おじー（い）さん」と言ったら uncle から grandfather に変わってしまいますが、it /it/ をのばして「イーット」と言ってみても eat /iːt/ にはならないと言うことです。面白い違いですね！

④ **解答** 舌

母音を学習する際には、口の開き具合や舌の位置などで、口の中の空間をどのように作って音が出されるかを確認しましょう。

⑤ **解答** カタチ

母音を学習する際には、口を横に引っ張るか、唇を丸めるかなどのように、どのような口のカタチで音が出されるかを確認しましょう。

**1** ① ⑦ ② ④ ③ ⑦ ④ ⑦
**2** ① ⑦ ② ⑦ ③ ④
**3** ① won・match ② drank・cup ③ shut・lock ④ fond・fans ⑤ lacks・crashed

---

**1**

① **解答** ⑦ cat /kǽt/「キェァ(ト)」(猫)
訳 なんてかわいい猫なの！
cut は /kʌ́t/「カ(ト)」と聞こえます。

② **解答** ④ fun /fʌ́n/「ファン」(楽しみ)
訳 私は昨晩のパーティーでとても楽しんだ。
耳にすることの多い a lot of ～(たくさんの～)も
「アロッロォヴ」のように**つながって聞こえる**の
で要注意です。また、このような表現はまとめて
速く読み上げられることも多いので、慣れておく
必要があります。

③ **解答** ⑦ stock /stɑ́k/「スタ(ク) / スト(ク)」(在庫
品)
訳 残念ながらその色は今在庫がありません。
stuck/stʌ́k/「スタ(ク)」は(行き詰まった)の意味
です。

④ **解答** ⑦ match /mǽtʃ/「メァチ」(～と調和する)
訳 カーテンはこの部屋にとてもあう。

- - - - - - - - - - - - - - - - - - - - - - - - - - - -

▶ 音のポイント
/ɑ/ 「あ」または「お」に近い音
/æ/ 「え」と「あ」の中間のような音
/ʌ/ 日本語の「あ」に近いややこもった音

- - - - - - - - - - - - - - - - - - - - - - - - - - - -

**2**

① **解答** ⑦ hut /hʌ́t/「ハ(ト)」(小屋)
hot は /hɑ́t/「ハ(ト) / ホ(ト)」(暑い)、hat は /hǽt/
「ヘァ(ト)」(帽子)です。

② **解答** ⑦ lock /lɑ́k/「ロ(ク) / ラ(ク)」(鍵)
lack は /lǽk/「ラァ(ク)」(不足)、luck は /lʌ́k/「ラ
(ク)」(運)です。

③ **解答** ④ cap /kǽp/「ケァ(プ)」(帽子)
cop は /kɑ́p/「カ(プ) / コ(プ)」(警察)、cup は
/kʌ́p/「カ(プ)」(カップ)です。

**3**

① **解答** won /wʌ́n/「ワン」(win の過去形)・match
/mǽtʃ/「メァチ」(試合)
訳 ケヴィンは今年の7月にテニスの試合に勝った。

② **解答** drank /drǽŋk/「ドゥレァン(ク)」(drink の

過去形)・cup /kʌ́p/「カ(プ)」(カップ)
訳 エミリーは寝る前に温かい牛乳を1杯飲んだ。

③ **解答** shut /ʃʌ́t/「シャ(ト)」(～を閉める)・lock
/lɑ́k/「ロ(ク) / ラ(ク)」(鍵)
訳 誰も入ってこられないように、ドアを閉めて鍵
をかけてください。
come in は「カミン」のように**つながって聞こえる**
ことがあります。

④ **解答** fond /fɑ́nd/「ファン(ド) / フォン(ド)」(好
む)・fans /fǽnz/「フェァンズ」(うちわ、fan の複
数形)
訳 私の母は日本の伝統的な扇子が好きだ。
fond は be fond of ～(～を好む)でよく使われる
ので覚えておきましょう。

┌─────────────────────────┐
**アドバイス**

/ɑ/ は「あ」？「お」？

/ɑ/ は口を大きく開けて発音されるため、私たち
にとっては「お」に近い音に聞こえることもあり
ます。それは、この音を含む語がカタカナになる
と「オ」のような発音で表記される傾向があるこ
とからもよくわかります。

例 hot /hɑ́t/ → ホット
lock /lɑ́k/ → ロック
stop /stɑ́p/ → ストップ
└─────────────────────────┘

⑤ **解答** lacks /lǽks/「ラァクス」(～を欠く、lack +
三単現の s)・crashed /krǽʃt/「クゥレァシュ(ト)」
(crash の過去形)
訳 ジェイムズは集中力が欠けているよ！彼は運
転中に木に衝突しそうだったんだ。

11

**1** ①イ ②ア ③イ ④ア ⑤イ

**2** ① said・sad ② about・headed ③ allowed・pets ④ some fresh ⑤ bury・sand
⑥ famous・success

**1**

① **解答** イ men /mén/「メン」(男性、man の複数形)
**訳** 明日のミーティングに7人の男性が来る予定だ。

② **解答** ア lend /lénd/「レン(ド)」(〜を貸す)
**訳** この本を私に貸してくれない?

③ **解答** イ ran /rǽn/「ゥレァン」(run の過去形)
**訳** 犬たちが家から逃げた。
ran away はつながって「ゥレァナウェイ」のように聞こえることがあります。

④ **解答** ア money /mʌ́ni/「マニ」(お金)
**訳** 「お金では幸せは買えない」という格言が好きだ。

⑤ **解答** イ Policemen /pəlíːsmən/「パリースマン」(警察官、policeman の複数形)
**訳** 警察官は男性を逮捕しようとしていた。
policeman(単数)と policemen(複数)は両方とも /pəlíːsmən/「パリースマン」と発音され、音だけでは区別しづらいです。**後ろに were が続いていることを手掛かりに、主語は複数形だと判断しましょう。**

▶ 音のポイント
/e/ 日本語の「え」に近い音
/æ/ 「え」と「あ」の中間のような音
/ʌ/ 日本語の「あ」に近いややこもった音

**アドバイス**

policeman と policemen は発音が同じ?

単数形 man は /mǽn/、複数形 men は /mén/ と発音されます。ただし、複合語となり man/men に**アクセントが置かれなくなると、両方とも /mən/ と**発音されることが多くなります。そのため、複合語の場合は**単数・複数の区別は数詞や動詞のカタチ**などを元に判断することになります。なお、このような -man を含む単語は元々女性にも用いられていましたが、近年は chairman → chairperson(議長)のように -person が使われる傾向があります。

**2**

① **解答** said /séd/「セ(ド)」(say の過去形)・sad /sǽd/「セァ(ド)」(悲しい)
**訳** アンバーはその状況を悲しく思っていると言った。
sad about は**つながって「セァダバゥ(ト)」のよう**に聞こえることがあります。

② **解答** about /əbáut/「アバゥ(ト)」(ほとんど)・headed /hédid/「ヘディ(ド)」(head の過去形)
**訳** そろそろ私たちは駅に向かう頃だ。
**it's about time S' + did 〜(そろそろ〜してもいい頃だ)**の仮定法の表現と、**head for 〜(〜に向かう)**も重要です。

③ **解答** allowed /əláud/「アラゥ(ド)」(allow の過去形)・pets /pét/「ペッツ」(ペット、pet の複数形)
**訳** ペットを連れてくることは認められていますか?
allowed to は「アラゥトゥ」のようにつながって聞こえますが、allow は **allow O to do(O が〜することを認める)**を覚えておくと、受動態だと判断しやすく、また、聞き取りづらい音を補いやすくなります。

④ **解答** some /səm/「サム」(いくらかの) fresh /fréʃ/「フレッシュ」(新鮮な)
**訳** 外に出て新鮮な空気を吸おう。
get の /t/ の音が聞こえづらくなり get some は「ゲッサム」のように聞こえることもあります。

⑤ **解答** bury /béri/「ベリィ」(〜を埋める)・sand /sǽnd/「セァン(ド)」(砂)
**訳** これ以上見て見ぬふりはできないよ。
bury は berry(ベリー)と同じ発音で「ベリィ」です。「ブリィ」と間違えないように気をつけましょう。また、bury one's head in the sand で(見て見ぬふりをする、困難を直視しようとしていない)です。

⑥ **解答** famous /féiməs/「フェイマス」(有名な)・success /səksés/「サクセス」(成功)
**訳** 有名な芸術家になるためには、成功のためのハングリー精神を持ち続けるべきだ。
これらの単語を見てもわかるように、**アクセントが置かれない母音は /ə/ が用いられる傾向があります。

**1** ①イ ②イ ③ア ④イ ⑤ア
**2** ①ア ②イ
**3** ① car・hurt ② Stir・burn ③ far・father ④ first・word ⑤ earn・journey

**1**

① **解答** イ hurt /hə́ːrt/「ハー（ト）」(hurtの過去形)
  **訳** ジェイムズはテニスをしていてひじをケガしてしまった。
  **hurtは現在形や過去形の可能性もありますが、Jamesが主語なのに三現のsがついていないことから過去形と判断しましょう。**

② **解答** イ further /fə́ːrðər/「ファーザー」(もっと先に)
  **訳** とても疲れているので、これ以上は歩けないよ。
  **so ... that ～(とても…なので～)も重要です。**

③ **解答** ア farm /fɑ́ːrm/「ファーム」(農場)
  **訳** サラは将来農場を経営したい。

④ **解答** イ stir /stə́ːr/「スター」(～をかき混ぜる)
  **訳** 飲み物を時計回りにかき混ぜる？反時計回りにかき混ぜる？

⑤ **解答** ア hard /hɑ́ːrd/「ハー（ド）」(一生懸命に)
  **訳** 私は夢をかなえるために、一生懸命働いている。
  heard(hearの過去・過去分詞形)は /hə́ːrd/ のように、ややこもった音の響きが含まれます。

▶ 音のポイント
/ɑːr/ はっきりきこえる「あー」の音
/ə́ː(r)/ こもった「あー」のように聞こえる音

**2**

① **解答** ア heart /hɑ́ːrt/「ハー（ト）」(心)
② **解答** イ curve /kə́ːrv/「カーヴ」(曲線)

**3**

① **解答** car /kɑ́ːr/「カー」(車)・hurt /hə́ːrt/「ハー（ト）」(hurtの過去形)
  **訳** 叔母は足をけがしたので、新しい車を買った。
  auntは■では /ǽnt/「ェアン（ト）」ですが、■では /ɑ́ːnt/「アーン（ト）」と発音されます。

---

**アドバイス**

**アメリカ英語とイギリス英語の違い**
私たちが学校などで勉強している「英語」は基本的にはアメリカ英語ですが、**近年は入試や様々な**

---

資格試験でイギリス英語などが用いられることも増えてきました。アメリカ英語とイギリス英語の代表的な音声の違いを見ておきましょう。

❶ /r/ の発音
  ■では /r/ ははっきり聞こえますが、■では語頭以外の /r/ はあまりはっきり聞こえない傾向にあります。

❷ 発音が大きく異なる単語
  以下の単語は代表的な発音が大きく異なる単語です。

• either
  ■「イーザー」　■「アィザー」
• schedule
  ■「スケジュール」　■「シェジュール」
• tomato
  ■「トメィト」　■「トマート」

この他にも、/æ/ と /ɑː/ などアメリカ英語とイギリス英語で発音が異なる単語はありますが、認識できることがほとんどです。あまり心配しすぎなくても大丈夫ですよ。

② **解答** Stir /stə́ːr/「スター」(～をかき混ぜる)・burn /bə́ːrn/「バーン」(～をやけどさせる)
  **訳** 冷ますためにスープをかき混ぜないと、口をやけどするよ。

③ **解答** far /fɑ́ːr/「ファー」(遠方に)・father /fɑ́ːðər/「ファーザー」(父親)
  **訳** あんまり遠くに行きすぎないで。お父さんはすぐ帰ってくるよ。
  fatherのように**スペルにrが含まれない場合は、/ɑː/ と /r/ の音を含まずに発音されます。**

④ **解答** first /fə́ːrst/「ファース（ト）」(最初の)・word /wə́ːrd/「ワー（ド）」(語)
  **訳** 僕が最初に学んだ英単語は "apple" だった。

⑤ **解答** earn /ə́ːrn/「アーン」(～を稼ぐ)・journey /dʒə́ːrni/「ヂャーニィ」(旅行)
  **訳** 旅に出ることに決めたので、お金を稼ぐ必要がある。
  I've decidedの /v/ の部分は**はっきり聞こえない**ので、文意などから補いましょう。

> **1** ①⑦ ②④ ③④ ④⑦ ⑤④
> **2** ①④ ②⑦
> **3** ① fit・feet ② He's・sick ③ reach・hill ④ eat・meal ⑤ still seeking

**1**

① **解答** ⑦ ship /ʃíp/「シィ(プ)」(〜を送る)
🈩 明日までにあなたが購入した品物をお送りします。

② **解答** ④ ease /íːz/「イーズ」(〜をやわらげる)
🈩 この薬があなたの痛みをやわらげるのに役立つでしょう。

③ **解答** ④ seat /síːt/「シー(ト)」(席)
🈩 ここで座って下さい。
**have a seat**「ハヴァシー(ト)」(**座る**)も覚えておきましょう。

④ **解答** ⑦ filled /fíld/「フィゥ(ド)」(いっぱいの)
🈩 その部屋は甘い匂いのする花でいっぱいだった。
**be filled with 〜**(〜でいっぱいで)も覚えておきましょう。

⑤ **解答** ④ neat /níːt/「ニー(ト)」(きちんとした)
🈩 部屋をいつも整理整頓しておくようにしましょう。
knit(ニット、〜を編む)は /nít/「ニ(ト)」と聞こえます。最初のkは発音されません。

- - - - - - - - - - - - - - - - - - - - - - - -

▶ **音のポイント**
/i/  「い」と「え」の中間の音
/iː/  「いー」のように聞こえる音

- - - - - - - - - - - - - - - - - - - - - - - -

┌─ **アドバイス** ──────────

**写真を撮るときの「ハイ、チーズ」**

写真を撮るときに言う「はい、チーズ」は英語の
Say cheese!(cheeseと言って！)からきていると
言われています。このフレーズは写真を撮る側の
人が言うもので、これを言われた写る側の人は
Cheese! と答えます。この cheese は /iː/ の音を含
んでおり、発音すると口を横に引っ張るために笑
顔に見えることから、写真を撮るときに使われて
いたという説があります。
└──────────────────

**2**

① **解答** ④ cheap /tʃíːp/「チィー(プ)」(安い)

② **解答** ⑦ still /stíl/「スティゥ[ル]」(まだ)

**3**

① **解答** fit /fít/「フィ(ト)」(〜にぴったりあう)・feet /fíːt/「フィー(ト)」(footの複数形)
🈩 この靴は私にぴったりで足が快適だ。

② **解答** He's /híːz/「ヒーズ」(he has の短縮形)・sick /sík/「シ(ク)」(病気の)
🈩 彼は先週の月曜日からずっと病気だ。
he's は後ろに been が続いているため、he has の
短縮形であると判断しましょう。 →**32講**

③ **解答** reach /ríːtʃ/「リーチ」(〜に到着する)・hill /híl/「ヒゥ[ル]」(丘)
🈩 私たちは正午までに丘の頂上に到着する予定だ。
top of は「トッポヴ」のように**つながって聞こえ
ること**があります。

④ **解答** eat /íːt/「イー(ト)」(〜を食べる)・meal /míːl/「ミーゥ[ル]」(食事)
🈩 食事の前にお菓子を食べないで。

⑤ **解答** still /stíl/「スティゥ[ル]」(まだ) seeking /síːkɪŋ/「シーキン」(seekの進行形)
🈩 サムはそのことに関して専門的な意見をまだ求めているの？
matter/mǽtər/(問題)は、🇬🇧では「マタァ」、🇺🇸
では「マラァ」のように聞こえます。 →**24講**

1　①⑦　②⑦　③⑦
2　①⑦　②⑦
3　① good cook　② Who'd・book　③ looking・boots　④ wool suit　⑤ Could・put
　　⑥ blue fruit　⑦ woods・full

---

**1**

① 解答 ⑦ look /lúk/「ル（ク）」（見る）
　訳 見て、なんてかわいい子犬なの！

② 解答 ⑦ pull /púl/「プゥ［ル］」（〜を引く）
　訳 イスを少し前に引いてくれない？

③ 解答 ⑦ fool /fú:l/「フーゥ［ル］」（ばか者）
　訳 他人をばかにしてはならない。
**make a fool of 〜**（〜をばかにする）も重要です。

---

▶ 音のポイント
/u/「う」のように聞こえる音
/u:/「うー」のように聞こえる音

---

**2**

① 解答 ⑦ hood /húd/「フ（ド）」（フード）
who'd は /hú:d/「フー（ド）」（who had または who would の短縮形）です。また、hood や wool は日本語では「フード」「ウール」のようにのばして発音しますので、正しい音を覚えておきましょう。

② 解答 ⑦ suit /sú:t/「スー（ト）」（スーツ）
soot/sút/「ス（ト）」は「すす」を意味します。

---

**3**

① 解答 good /gúd/「グ（ド）」（よい） cook /kúk/「ク（ク）」（料理人）
　訳 私の父は料理上手だ。
cookの発音「ク（ク）」に注意しましょう。日本語のコックはオランダ語由来だと言われています。

② 解答 Who'd /hú:d/「フード」（who would の短縮形）・book /búk/「ブ（ク）」（本）
　訳 一体誰が君があの本を書いたと信じるだろう？
Who'd は後ろに believe と動詞の原形が続いているため、who would の短縮形であることを判断しましょう。➡32講

③ 解答 looking /lúkiŋ/「ルッキン」（look の進行形）・boots /bú:ts/「ブーツ」（ブーツ）
　訳 すみません、冬用のブーツを探しているんですが。
**look for 〜**（〜を探す）も覚えておきましょう。また、-ing/-iŋ/ ははっきりと「イング」とは聞こえてき

ませんが、I'm から進行形だと判断する必要があります。➡28講

④ 解答 wool /wúl/「ウゥ［ル］」（ウール） suit /sú:t/「スー（ト）」（スーツ）
　訳 このウールのスーツは君に似合うよ！

⑤ 解答 Could /kúd/「ク（ド）」（can の過去形）・put /pút/「プッ（ト）」（〜を置く）
　訳 これらの品物を別々の袋に入れてくださいませんか？
Could you 〜 はつながり、「クヂュ」と聞こえます ➡23講。よく耳にする音なので、覚えておきましょう。

⑥ 解答 blue /blú:/「ブルー」（青色） fruit /frú:t/「フルー（ト）」（果物）
　訳 ブルーベリーは唯一自然に青色の果物だ。

⑦ 解答 woods /wúdz/「ウッズ」（森）・full /fúl/「フゥ［ル］」（いっぱいの）
　訳 その森は危険でいっぱいだ。
wood は木材ですが、woods は森になることに注意しましょう。

---

アドバイス

「う」に関係するその他の音

「う」に関係する音/u:/ と /u/ を紹介しましたが、他にも「う」に近く聞こえる音があります。それは、**唇を強く丸め、突き出して発音される /w/** の音です。後ろに「あ」に関係する音が来ると、日本語にもある「わ」のような音になりますが、それ以外の母音が続いた音は日本語にないため、発音しづらくなります。**唇を丸めて、後ろに続く母音とあわせて一息で発音する**練習をしましょう。

例 wish /wíʃ/「ウイッシュ」（〜を願う）
　 when /(h)wén/「ゥ［フ］エン」（いつ）

特に🇺🇸では、wh- となると /hw/ のように /h/ の音が聞こえることが多いです。なお、wh- の後ろに o が続くと、/h/ の音に変わります。

例 who /hú:/「フー」（誰が）

15

**1** ① ⑦ ② ⑦ ③ ⑦ ④ ⑦ ⑤ ⑦
**2** ① ⑦ ② ⑦
**3** ① coat・hall ② don't・walking・hotel ③ sew・hole ④ supposed・go ⑤ coast・row

---

**1**

① **解答** ⑦ **bought** /bɔ́:t/「ボー（ト）」(buy の過去形)
**訳** お父さんが私の誕生日にスマートフォンを買ってくれた。

② **解答** ⑦ **bowl** /bóul/「ボゥ［ル］」(ボウル、お椀)
**訳** むこうにあるボウルをとってくれない？

③ **解答** ⑦ **woke** /wóuk/「ゥオゥ（ク）」(wake の過去形)
**訳** 昨日の夜中に犬に起こされた。

④ **解答** ⑦ **cold** /kóuld/「コゥ（ド）」(風邪)
**訳** 私は風邪をひいてるかもしれない。

⑤ **解答** ⑦ **torn** /tɔ́:rn/「トーン」(tear の過去分詞形)
**訳** 君のシャツは破れているね。どうしたの？
tear は /tíər/「ティア」(涙) と /téər/「テア」(～を引き裂く) の両方を覚えておきましょう。

- - - - - - - - - - - - - - - - - - - - -

▶ **音のポイント**
/ɔ:/ 「おー」のように聞こえる音
/ou/ 「おぅ」のように聞こえる音

**2**

① **解答** ⑦ **low** /lóu/「ロゥ」(低い)
law は /lɔ́:/「ロー」と発音されます。

② **解答** ⑦ **saw** /sɔ́:/「ソー」(see の過去形または、のこぎり)

**3**

① **解答** **coat** /kóut/「コゥ（ト）」(コート)・**hall** /hɔ́:l/「ホーゥ［ル］」(玄関、廊下)
**訳** コートを廊下のラックにかけてください。
ホールを whole/hóul/「ホゥ［ル］」(全体の) としないように注意しましょう。

② **解答** **don't** /dóunt/「ドゥン（ト）」(do not の短縮形)・**walking** /wɔ́:kiŋ/「ゥオーキン」・**hotel** /hóutel/「ホゥテゥ［ル］」
**訳** ホテルまで歩いていく気分じゃない。
don't と hotel は「ドント」「ホテル」ように「お」の発音を用いるクセがついている人が多いです。/ou/ を用いた正しい音を覚えましょう。また、walking の -ing は「イング」とははっきりと聞こえ

てこないため →28講 、**feel like doing**(～したい気がする)の知識を使って補いましょう。

**アドバイス** 🙂

**/ou/ 以外の二重母音**

**15**講で扱った /ou/ の他の二重母音を紹介します。**二重母音は1つ目の母音が強く読まれ、2つ目の母音は弱く添えられるように発音されます。**

- /ai/「アィ」 例 tight /táit/「タィ（ト）」(きつい)
- /au/「アゥ」 例 house /háus/「ハゥス」(家)
※/a/ は /ɑ/ より日本語の「あ」に近い音です。
- /ei/「エィ」 例 make /méik/「メィ（ク）」(～を作る)
- /ɔi/「オィ」 例 boy /bɔ́i/「ボィ」(男の子)
※本書では便宜上 /ou/ や /ei/ も二重母音として扱います。

③ **解答** **sew** /sóu/「ソゥ」(～を縫う)・**hole** /hóul/「ホゥ［ル］」(穴)
**訳** セーターの穴をどうやって縫えばいいか教えてくれない？

④ **解答** **supposed** /səpóuzd/「サポゥズ（ド）」・**go** /góu/「ゴゥ」(行く)
**訳** 私は今日歯医者に行くことになっている。
**be supposed to do**(～することになっている)は重要表現です。また、go は「ゴー」と発音する人が多いですが、/ou/ を用いた正しい発音を覚えましょう。

⑤ **解答** **coast** /kóust/「コゥス（ト）」(海岸)・**row** /róu/「ゥロゥ」(列)
**訳** 私たちは3日連続で海岸に行った。
**in a row**「イナゥロゥ」(連続して)も重要表現です。

16

**1**  ①イ  ②イ  ③ア  ④イ  ⑤イ  ⑥イ  ⑦ア  ⑧ア  ⑨ウ  ⑩ア  ⑪イ  ⑫ウ
⑬ウ  ⑭ア  ⑮イ

**1**

① **解答** イ ho・tel /houtél/「ホゥテゥ[ル]」(ホテル)
**2音節目にアクセント**が置かれます。

② **解答** イ ca・reer /kəríər/「カリア」(キャリア)
**2音節目にアクセント**が置かれます。このように
-ee/-eer/-oo/-oon を含む場合は、その部分にアクセントが置かれます。

③ **解答** ア dif・fer /dífər/「ディッファ」(異なる)
**1音節目にアクセント**が置かれます。

④ **解答** イ al・low /əláu/「アラゥ」(～を許す)
**2音節目にアクセント**が置かれます。

⑤ **解答** イ oc・cur /əkə́:r/「アカー」(起こる)
**2音節目にアクセント**が置かれます。

⑥ **解答** イ es・sen・tial /esénʃəl/「エセンシャゥ[ル]」
(本質的な)
**2音節目にアクセント**が置かれます。このように
-cial/-tial/-tual/-dual を含む場合は、その部分の1
つ前の音節(母音)にアクセントが置かれます。

⑦ **解答** ア con・cen・trate /káns(ə)ntreit/「カンセン
トレィ(ト)」(集中する)
**1音節目にアクセント**が置かれます。このように
-ate/-ite を含む場合は、その部分の2つ前の音節(母
音)にアクセントが置かれます。

⑧ **解答** ア or・gan・ize /ɔ́ərgənaiz/「オァガナィズ」
(組織する)
**1音節目にアクセント**が置かれます。このように
-ize/-ise を含む場合は、その部分の2つ前の音節(母
音)にアクセントが置かれます。

⑨ **解答** ウ em・ploy・ee /implɔií:/「ィンプロイー /
エンプロイー」(従業員)
**3音節目にアクセント**が置かれます。-ee が含まれ
るため、その部分にアクセントが置かれます。

⑩ **解答** ア at・mos・phere /ǽtməsfiər/「ェアトマス
フィアー」(雰囲気)
**1音節目にアクセント**が置かれます。

⑪ **解答** イ de・moc・ra・cy /dimákrəsi/「ディマーク
ラシ」(民主主義)
**2音節目にアクセント**が置かれます。このように
-cracy を含む場合は、その部分の1つ前の音節(母
音)にアクセントが置かれます。

⑫ **解答** ウ dem・o・crat・ic /deməkrǽtik/「デマクレ

ァティ(ク)」(民主主義の)
**3音節目にアクセント**が置かれます。このように
-ic/-ics を含む場合は、その部分の1つ前の音節(母
音)にアクセントが置かれます。⑪の democracy
とのアクセント位置の違いに注意です。その他に
も、photo/fóutou/「フォゥトゥ」(写真) や
photography/fətágrəfi/「ファタグラフィ」(写真
撮影)などもアクセントの位置に注意すべき組み
合わせです。

⑬ **解答** ウ in・for・ma・tion /infərméiʃən/「インファ
メィシャン」(情報)
**3音節目にアクセント**が置かれます。このように
-tion/-sion/-cian/-gion を含む場合は、その部分の
1つ前の音節(母音)にアクセントが置かれます。

⑭ **解答** ア com・fort・a・ble /kʌ́mfərtəbl/「カンファ
タブゥ[ル]」(快適な)
**1音節目にアクセント**が置かれます。

⑮ **解答** イ en・thu・si・asm /inθ(j)ú:ziæzm/「インス
ージェアズム / エンスュージアズム」(熱中)
**2音節目にアクセント**が置かれます。

**アドバイス**

「名前動後」の単語

ある単語が名詞にも動詞にもなる場合、**名詞にな
るときは最初の音節にアクセントが置かれ、動詞
になるときは後ろの音節にアクセントが置かれる**
ことがあります。このような単語は、「名前動後」
と呼ばれます。

例 increase ・名詞/ínkri:s/ (増加)
・動詞/inkrí:s/ (増加する)

例 object ・名詞/ábʒikt/ (物)
・動詞/əbdʒékt/ (反対する)

その他にも、record、progress、insult、protest、
conduct...など名前動後の単語はたくさんありま
す。

1 ① Jane・study・chemistry・university ② mother・playing・violin・ten・years
③ Where・smartphone・not・table

2 ① think・David・older ② kind・help・homework
③ This・picture・Sam・painted・yesterday ④ have・cup・coffee・dinner

3 ① people・afraid・dogs ② speak・well・mistake・American

---

**1**

① 解答 Jane・study・chemistry・university
訳 ジェーンは大学で化学を勉強するつもりだ。
**強く読まれる内容語**は**名詞**の Jane・chemistry・university と**一般動詞**の study です。

② 解答 mother・playing・violin・ten・years
訳 私の母は10年間ヴァイオリンを弾いている。
**強く読まれる内容語**は**名詞**の mother・violin・ten years と**一般動詞**の playing です。

③ 解答 Where・smartphone・not・table
訳 「私のスマホどこ？」「テーブルの上にはないよ」
**強く読まれる内容語**は**疑問詞**の where と**名詞**の smartphone・table と**否定語**の not です。

**2**

① 解答 think・David・older
訳 私はディヴィッドは私たちより年上だと思う。
**強く読まれる内容語**は**一般動詞**の think と**名詞**の David と**形容詞**の older です。

② 解答 kind・help・homework
訳 私の宿題を手伝ってくれるなんて、あなたは優しい。
**強く読まれる内容語**は**形容詞**の kind、**一般動詞**の help、**名詞**の homework です。

③ 解答 This・picture・Sam・painted・yesterday
訳 これが昨日サムが描いた絵だよ。
**強く読まれる内容語**は**指示代名詞**の This、**名詞**の picture・Sam、**一般動詞**の painted、**副詞**の yesterday です。

④ 解答 have・cup・coffee・dinner
訳 ディナーのあとに1杯コーヒーを飲みます。
**強く読まれる内容語**は**一般動詞**の have と**名詞**の cup・coffee・dinner です。

**3**

① 解答 people・afraid・dogs
訳 犬が怖い人もいる。
**some** people のように名詞の前に置かれる**限定詞**は特に強く読み上げられません。a dog の a が

---

聞こえないこと、また一般論であることを頼りに、dogs/dɔ́ːgz/ と複数形にしましょう。なお、who は疑問詞の場合は強く読まれますが、関係代名詞の場合は弱く読まれます。

② 解答 speak・well・mistake・American
訳 彼はとても英語が上手に話せるので、人々は彼をアメリカ人と間違える。
3つ目の空所の後ろの **him** は**人称代名詞（機能語）**なので弱く読まれて /h/ の音が聞こえにくくなり、さらに mistake とつながって「ミスティキム」のように聞こえることがあります。→22講

---

**アドバイス**

**強く読まれる重要情報**

内容語が強く読まれるというのが基本的なルールですが、コミュニケーション上**重要な情報や新しい情報なども強く読まれます**。つまり、**どこが強く読まれるかによって、伝えたいメッセージも変わってくる**ということです。

例 **Sarah** likes **coffee**.
名詞である Sarah・coffee が強く読まれると、「サラはコーヒーが好きだ」という中立的な意味になります。

例 **Sarah** likes coffee.
特に Sarah が強く読まれると、「（他の人ではなくて、）サラがコーヒーが好きなんだよ」という強調の意味になります。

例 The pen is **under** the table, **not** on it.
pen や table といった内容語だけでなく、特に under や on が強く読まれる場合「ペンはテーブルの下だよ、上ではなくて」と対比の意味が強調されます。

**1** ① ⓘ・ⓐ　② ⓐ・ⓘ　③ ⓐ・ⓘ
**2** ① ⓐ　② ⓘ　③ ⓐ　④ ⓘ　⑤ ⓐ
**3** ① won't・can　② could・didn't　③ wasn't・had

## 1

① **解答** ⓘ・ⓐ
　訳 彼の娘は高校生ではないと聞きました。
　彼の娘は高校生だと聞きました。

② **解答** ⓐ・ⓘ
　訳 友達は私に、彼にメールすべきだと言った。
　友達は私に、彼にメールすべきでないと言った。

③ **解答** ⓐ・ⓘ
　訳 学生たちは政治に興味があった。
　学生たちは政治に興味がなかった。

‑‑‑‑‑‑‑‑‑‑‑‑‑‑‑‑‑‑‑‑‑‑‑‑

▶ **音のポイント**
否定文は重要情報を含むので、be動詞や助動詞部分が強く・やや長く聞こえます。

‑‑‑‑‑‑‑‑‑‑‑‑‑‑‑‑‑‑‑‑‑‑‑‑

## 2

① **解答** ⓐ
　訳 あなたはきっとその仕事を時間通りに終わらせられるよ。
　**can**は弱く短く読まれて/kən/「**カン**」や/kn/「**クン**」のように聞こえます。また、**I'm sure that S' V'〜**（きっと〜だ）、**on time**（時間通りに）も重要です。

② **解答** ⓘ
　訳 彼はきっとあなたに会うのが待ち遠しいと思うよ。
　**can't**は🇺🇸では/kǽnt/「**キャン（ト）**」、🇬🇧では「**カーン（ト）**」と**比較的はっきり聞こえます**。また、**can't wait to do**（〜するのが待ちきれない）も覚えておきましょう。

③ **解答** ⓐ
　訳 母は私に約束を守るように言った。
　**must**は/məs(t)/「**マス（ト）**」、または/ms/「**マス**」のように弱く短く読み上げられるため、はっきり聞こえません。また、**keep one's word**（約束を守る）も重要です。

④ **解答** ⓘ
　訳 リリーはパーティーに行けそうにないだろうと言っていた。
　**wouldn't**は/wúdnt/「**ウドン（ト）**」と比較的はっきり聞こえます。また、**make it to 〜**「**メイキット**

ゥ」（〜に間に合う、〜に参加する）も覚えておきましょう。なお、肯定のwouldは/(w)əd/「**ゥ（ド）**」のように弱く短く読み上げられます。

⑤ **解答** ⓐ
　訳 正午までにここを出なければなりません。
　**have**は/həv/「**ハヴ、ァヴ**」のように弱く短く読み上げられ、はっきり聞こえません。また、**have got to do**（〜しなければならない）も重要です。

## 3

① **解答** won't・can
　訳 私たちは間もなく月に行けるようになるだろう。
　**won't**/wóunt/「**ウォゥン（ト）**」は比較的はっきり聞こえます。**動詞の原形が続いている**ので、want/wánt/「**ウァン（ト）**」ではないと判断しましょう ➡**27講**。**It won't be long before S' V'〜**（間もなく〜だろう）も重要です。

② **解答** could・didn't
　訳 何をすれば良いかわからなかったので、何も言わなかった。
　**could**は「クッド」ではなく/kəd/「**カド**」のように弱く短く読まれるため、はっきり聞こえません。

③ **解答** wasn't・had
　訳 ティムはその男性に以前に会ったことがあるかどうかわからなかった。

‑‑‑‑‑‑‑‑‑‑‑‑‑‑‑‑‑‑‑‑‑‑‑‑

**アドバイス** 👩

**肯定でも機能語が強く読まれることがある**

助動詞などの**機能語は基本的には弱く短く読み上げられます**が、文末に置かれていたり、「**できる・できない**」のように対比をはっきり伝えるなどの強調したいときには強く読み上げられます。そのため、辞書で調べると多くの機能語は弱形と強形の発音が載っています。

例 Steve can't come to the party but John **can**.
スティーヴはパーティーに来れないけど、ジョンは来れるよ。

※最後のcanは肯定ですが、対比を表しているので、/kǽn/「**ケァン**」とはっきり聞こえます。

## Chapter 3
### 19講 つながって聞こえる音

演習の問題 → 本冊 P.55

**1** ① an onion　② hand in　③ look it up　④ wait a minute　⑤ Go ahead and

**2** ① Can I　② not at all　③ stood out　④ get out of　⑤ cook an egg

---

**1**

① **解答** an onion「アナニャン」
訳 私はスーパーで玉ねぎを1つ買った。
玉ねぎはカタカナでオニオンですが、/ʌnjən/「アニャン」という正しい音を覚えておきましょう。

② **解答** hand in「ヘァンディン」
訳 あなたは明日までに課題を提出しなければなりません。
**hand in ～**(～を提出する)の意味も覚えておきましょう。

③ **解答** look it up「ルキタ[ラ]ッ(プ)」
訳 それを辞書で調べたらどう?
itの/t/は「ラ」のように聞こえます →**24講**。また、**Why don't you do ～?**(～したらどうですか?)も重要です。

④ **解答** wait a minute「ゥエィタ[ラ]ミニ(ト)」
訳 ちょっとここで待っててください。

⑤ **解答** Go ahead and「ゴゥワヘッダン」
訳 どうぞこのペンを使ってください。
Go aheadは母音と母音がつながり、/w/の音が入って聞こえます。

---

▶ **音のポイント**
子音と母音が続くと、つながって読み上げられます。

---

**2**

① **解答** Can I「キャナィ」
訳 あなたのスマホを借りてもいい?
use your も同様につながって「ユージュア」のように聞こえることがあります。

② **解答** not at all「ナッタトーゥ/ナッラローゥ」
訳 「手伝ってくれてありがとう」「あぁ、どういたしまして」
お礼に対する返答としての **Not at all.** は(どういたしまして)という意味で用いられます。このような表現は一息で読み上げられるので、慣れておくことが大切です。

③ **解答** stood out「ストゥダゥ(ト)」
訳 その建物は空を背景に目立っていた。

---

**stand out**(目立つ)や**against**/əgéinst/「アゲィンス(ト)」(～を背景にして)も重要です。

④ **解答** get out of「ゲッタゥトヴ/ゲッラロヴ」
訳 ここから出ていこう。
**of**は機能語(前置詞)なので、重要な情報を含んでいない限り、「オヴ」のようなはっきりした音ではなく「ァヴ」または「ヴ」のように弱く短く聞こえます。さらに、前の単語が子音で終わっている場合はつながってしまうため、聞こえづらいことが多いです。

⑤ **解答** cook an egg「クッカネ(グ)」
訳 卵の正しい調理の方法を知りたい。
an eggの部分もつながってしまい聞き取りづらいですが、eggsのように**複数形のsの音が聞こえないところから、単数形だと判断**しましょう。

---

**アドバイス**

__1単語ずつなら聞き取れるのに…__

cook、an、egg と1単語ずつ読まれると聞き取れるのに、文になると聞き取れないという悩みを抱えている人は多いと思います。この原因の1つは、英語特有の音の変化を理解していないことです。日常生活でも試験でも、1単語ずつはっきりと読み上げられることはまずありませんので、このルールを知りましょう。そして、ルールを身体にしみこませるためにも、音読する際にまず音の変化を予想し、読み上げを聞いて確認した上でマネをする、という練習が重要です。

20

> **1** ① good ② black ③ What ④ part-time ⑤ look・red
>
> **2** ① at two ② stop by ③ some more ④ played tennis ⑤ can never ⑥ get together
>
> ⑦ paid day

**1**

① **解答** good time「グッタイム」
　訳 あなたが楽しい時を過ごしているといいな。
　good/gúd/ の /d/ と time/táim/ の /t/ の**発音方法が似ているため最初の /d/ が聞こえません。**

② **解答** black car「ブレァッカー」
　訳 緑の車より黒い車がいいな。
　black/blǽk/ の /k/ と car/káːr/ の /k/ の**音が同じであるため /k/ は1度しか聞こえません。**

③ **解答** What time「(フ)ワッタイム」
　訳 何時に会える？
　この文では can は機能語なので /k(ə)n/ のように短く弱く読み上げられ、meet up も子音と母音がつながり、「ミータッ(プ) / ミーラッ(プ)」のように聞こえます。 **→19講**

④ **解答** part-time「パァータイム」
　訳 マイケルはバイトを探している。
　日本語のアルバイトはドイツ語に由来すると言われています。a part-time job というフレーズと音を覚えておきましょう。

⑤ **解答** look great「ルッグレィ(ト)」・red dress「ゥレッドレス」
　訳 その赤いドレス似合ってるよ！
　look/lúk/ の /k/ と great/gréit/ の /g/ の**発音方法が似ているため最初の /k/ が聞こえません。**

▶ **音のポイント**
同じ子音または発音方法が似ている子音が続くと、1つ目の子音が聞こえなくなります。

**2**

① **解答** at two「ア(ッ)トゥー」
　訳 私は2時にホテルに着く予定だ。
　at/ət/ の /t/ と two/túː/ の /t/ は**音が同じであるため、/t/ は1度しか聞こえません。**

② **解答** stop・by「スタッバィ」
　訳 今日の夕方、私の家に立ち寄れない？
　stop/stáp/ の /p/ と by/bái/ の /b/ の発音方法が似ているため最初の /p/ が聞こえません。

③ **解答** some・more「サモァ」
　訳 クッキーのおかわりはいかがですか？
　some/səm/ の /m/ と more/mɔ́ər/ の /m/ は**音が同じであるため/m/ は1度しか聞こえません。**

④ **解答** played tennis「プレィテニス」
　訳 テッドは先週の日曜日弟とテニスをした。
　played/pléid/ の /d/ と tennis/ténis/ の /t/ は**発音方法が似ているため最初の /d/ が聞こえません。** Ted が主語なのに三単現の s の音が聞こえないことと、**文末の last Sunday から過去形であることを判断しましょう。**

⑤ **解答** can never「カ[ク]ネヴァ」
　訳 車を運転するときに、注意してもし過ぎることはない。
　when/(h)wén/ you もつながり、「ゥエニュー」のように聞こえます。

⑥ **解答** get together「ゲットゥゲザー」
　訳 朝の10時ごろに集まろう。
　**get together（集まる）も覚えておきましょう。**

⑦ **解答** paid day「ペィディ」
　訳 私は昨日有給休暇をとった。
　**take ～ off（～を休暇としてとる）も重要です。また、took a はつながって「トゥッカ」のように聞こえます。**

**アドバイス**

「ワナ」って？

リスニングの問題で登場することはほとんどありませんが、海外ドラマや映画などを見ていると、「アィワナ…」というフレーズを耳にすることがあります。このワナ(wanna)は want to / want a のことです。実はこれも、同じ子音/t/の省略や、to の母音が弱く読み上げられ/ə/に聞こえるようになる…など、これまで学習したものを含む様々な音の変化を経てできあがった発音です。そう考えると面白いですね！

**1**  ① book  ② shirt  ③ bag  ④ played  ⑤ cheap  ⑥ job  ⑦ that
**2**  ① get there  ② tap water  ③ had to learn  ④ big dog  ⑤ favorite subject  ⑥ grab a cup

**1**

① 解答 book /búk/「ブッ（ク）/ ブ（ク）」(本)
訳 私は市立図書館から本を借ります。

② 解答 shirt /ʃə́ːrt/「シャー（ト）」(シャツ)
訳 僕、このシャツ似合う？
**How do I look in 〜?（〜は似合う？）**をヒントに、聞き取りづらい**/t/** の音を補い shirt を完成させましょう。

③ 解答 bag /bǽg/「ベァ（グ）」(袋)
訳 帰り道にポテトチップス1袋買ってきてくれない？
**a bag of 〜(1袋の〜)はつながって「アベァッゴヴ」**のように聞こえるため、この **/g/** は比較的聞こえやすいです。

④ 解答 played /pléid/「プレィ（ド）」(play の過去形)
訳 レイチェルは夕食後にお母さんとピアノを弾いた。
過去形・過去分詞の -ed/d/, /t/, /id/ は聞こえづらいことが多いですので、時間を表す副詞や、三単現の s の有無などをヒントに補って聞きとりましょう。**→27講**

⑤ 解答 cheap /tʃíːp/「チー（プ）」(安い)
訳 このスカート、セール中だったから安かったの。
sale はカタカナで「セール」となりますが、/séil/「セィゥ[ル]」と発音されます。

⑥ 解答 job /dʒáb/「ヂャ（ブ）」(仕事)
訳 今週の木曜日に仕事の面接があります。

⑦ 解答 that /ðǽt/「ゼァ（ト）」
訳 心配しないで。僕がそれをやっておくよ。

**2**

① 解答 get there「ゲッ（ト）ゼァー」
訳 何時にそこに着ける？
**get there/ðéər/** の get の **/t/** は、はっきりと聞こえず、「ゲッゼァー」のように聞こえます。

② 解答 tap water「テァプゥオラー」
訳 何か飲み物もらえない？ただの水道水でいいよ。
**tap/tǽp/** の **/p/** は、はっきりと聞こえないことが多いですが、「ゥ」の音で始まる water/wɔ́ːtər/ とつながるため比較的聞こえやすくなっています。

③ 解答 had to learn「ヘァタ[ト]ラーン」

訳 一日でこれらすべての単語を覚えなければならない。
had は **/d/** で終わっているだけでなく、続く to の **/t/** と発音の仕方が似ているので「ハットゥ」のように聞こえます。in a day もつながり「イナディ」のように聞こえます。

④ 解答 big dog「ビッ（グ）ドー（グ）/ ビッ（グ）ダッ（グ）」
訳 こんなに大きな犬を見たことがない。
**big の /g/ と dog の /g/ はともにはっきり聞こえてきません。**

⑤ 解答 favorite subject「フェイヴァリ（ト）サブヂェク（ト）」
訳 英語は私の好きな科目です。
favorit/féivərət/（お気に入りの）の **/t/** と subject /sʌ́bʒect/ の **/t/** ははっきり聞こえてきません。

⑥ 解答 grab a cup「グレァバカッ（プ）」
訳 コーヒーを飲みにいかない？
**grab/grǽb/ は /b/ が単語の最後にあるため、はっきりと聞こえないことが多い**ですが、今回は子音 **/b/** と a/ə/ がつながるため、比較的聞き取りやすいです。

> **アドバイス**
>
> **子どもは破裂音が好き？**
> 特に唇を使って出す /p/ や /b/ のような破裂音は、息を勢いよく出して発音するため唇の感覚が心地よく、赤ちゃんや子どもが好きな音だと言われています。これが、子ども向け番組やお菓子の名前に「ぱぴぷぺぽ」や「ばびぶべぼ」を使ったものが多い理由の1つだとも言われています。

**1** ① her ② him ③ her ④ he ⑤ them ⑥ their

**2** ① he is ② did he ③ like him ④ in her room ⑤ bought them some ⑥ found her advice

---

**1**

① **解答** her /hə́:r/「アー」
訳 ジョンソンさんは、彼女に窓を開けるように頼んだ。
asked とつながり「アスクダー」のように聞こえることがあります。

② **解答** him /hím/「ィム」
訳 私も送別会に出席すると彼に伝えてください。
tell とつながり「テリィム」のように聞こえることがあります。

③ **解答** her /hə́:r/「アー」
訳 これまでに彼女と会ったことがない。
met とつながり「メッター」のように聞こえることがあります。

④ **解答** he /hí:/「ヒ」
訳 彼はどんな見た目なの？
**look like ～**（～のように見える）も覚えておきましょう。

⑤ **解答** them /ðém/「ゼム / エム」
訳 高校生だったときから彼らを知っているよ。
会話文などでは、them の /ð/ の音が取れて「エム」と聞こえることがありますが、特に速い読み上げの会話文においては「ム」のように聞こえることもあります。

⑥ **解答** their /ðéər/「ゼア」
訳 どちらが彼らの車ですか？
there /ðér/ と間違えないように注意しましょう。

- - - - - - - - - - - - - - - - - - - - - - - - - -

▶ **音のポイント**
he、she、they のような人称代名詞は、最初の音がはっきり聞こえないことが多いため、文法知識などを用いて周囲から補うことが重要です。

- - - - - - - - - - - - - - - - - - - - - - - - - -

**2**

① **解答** he is「ヒーズ」
訳 彼は自分のオフィスを掃除するのに忙しいと思うよ。
**he is と his は似て聞こえますが、he is のほうが「イ」の音がやや長く聞こえる**ことが聞き分けのポイントです。また、**その後ろに続くカタチも大きなヒ**

---

ントとなります。

② **解答** did he「ディ（ディ）ー」
訳 彼は何と言ったの？

③ **解答** like him「ラィキム」
訳 彼はなんていい人なの！彼のことすごく好き。

④ **解答** in her room「イナーゥルーム」
訳 彼女は自分の部屋で勉強していると思うな。
内容を考え、音が似た inner /ínər/ room と間違えないように注意しましょう。

⑤ **解答** bought them some「ボーテムサム / ボー（ト）ゼムサム」
訳 来る途中で彼らのために何本かお花を買った。
some も弱く読み上げられるので、聞き逃さないように注意です。

> **アドバイス**
>
> 機能語の母音 /ə/ は聞こえなくなることがある
>
> この講で扱った人称代名詞も機能語であるため、重要な情報を含んでいない限り弱く読み上げられます。**機能語には /ə/ が含まれることが多い**ですが、特にスピードが速い会話になると、例えば them は /ðəm/「ゼム」→ /əm/「エム」→ /m/「ム」のようにどんどん省略され、弱く短くなっていきます。助動詞も同様に must /məs(t)/ も /ms/ のように短く読まれます。特に会話文ではこのような音の変化も意識しましょう。

⑥ **解答** found her advice「ファゥンダーァドヴァィス」
訳 彼女のアドバイスがとても役立つと思った。
**動詞 advise /ədváiz/「ァドヴァィ<u>ズ</u>」**（～に忠告する）と**名詞 advice /ədváis/「ァドヴァィ<u>ス</u>」（アドバイス）の発音とスペルにも気をつけましょう。

**1** ① Did you ② this year ③ kept you ④ as usual ⑤ What's your ⑥ about you
⑦ cause you ⑧ last year ⑨ Would you ⑩ want you ⑪ Has your ⑫ and yet

**1**

① **解答** Did you「ディヂュ(ー)」
訳 子どもの頃にニンジン好きだった？
when you も「(フ)ェンニュ(ー)」のように混ざっ
て聞こえることもあります。また、little は「リロ
ゥ / リトゥ」のように聞こえます。

② **解答** this year「ディシャ(ー)」
訳 今年家族とニューヨークに行きました。

③ **解答** kept you「ケプチュ(ー)」
訳 とても長い間待たせて本当にごめんなさい。
I'm sorry to have kept you waiting. (待たせてご
めんなさい)はよく使われるフレーズですので、
音とともに覚えておきましょう。

④ **解答** as usual「アジュージュアゥ[ル]」
訳 オリバーはいつも通り学校に遅れた。

⑤ **解答** What's your「(フ)ワッチャ(ー)」
訳 あなたのお名前は？

⑥ **解答** about you「ァバウチュ(ー)」
訳 あなたのことはソフィアからたくさん聞きま
したよ。
heard a lot はつながり、「ハーダロッ(ト)」のよう
に聞こえます。

⑦ **解答** cause you「コージュ(ー)」
訳 あなたにご迷惑をかけたくありません。
want の /t/ と to の /t/ が重複しているため、1度し
か聞こえず「ウァントゥ[タ] / ウォントゥ[タ]」
のように聞こえます。

⑧ **解答** last year「レァスチャ(ー)」
訳 ジェイムスは去年ギターの弾きかたを学び始
めた。
next year の場合も last year と同様に音が混ざっ
て「ネクスチャ(ー)」のように聞こえることも覚
えておきましょう。

⑨ **解答** Would you「ウ(ァ)ヂュ(ー)」
訳 その醤油を取ってくださいませんか？
Would you「ウ(ァ)ヂュ(ー)」や could you「ク(ッ)
ヂュ(ー)」などはお願いをする場合などによく用
いられますので、音に慣れておきましょう。

⑩ **解答** want you「ゥアンチュ(ー)」
訳 今あなたに私のオフィスに来てもらいたいです。
want + O + to do(Oに〜してもらいたい)のフレ

ーズも覚えておきましょう。

⑪ **解答** Has your「ハジュア」
訳 君の弟さんも同じようにアメリカに行ったこ
とがあるの？
Has your は「ハジュア」のように聞こえますが、後
ろの been から現在完了だとわかります。

⑫ **解答** and yet「アンヂェッ(ト)」
訳 彼はたくさん欠点があるけど、私は彼がとても
好きだ。
and yet(しかし、それなのに)も覚えておきましょ
う。

▶ 音のポイント
以下のような音の組み合わせは、混ざりあって
別の音のように聞こえます。
/s/ + /j/ → /ʃ/「しゅ」
/z/ + /j/ → /ʒ/「じゅ」
/t/ + /j/ → /tʃ/「ちゅ」
/d/ + /j/ → /dʒ/「ぢゅ」

**アドバイス**

その他の注意すべき音の変化①

これまでに学習してきた音の変化以外で重要なル
ールを紹介します。まずは、/t/ や /d/ に /n/ が続く
と、/t/ や /d/ の音が飲み込まれて /n/ の音のみが
聞こえてくるという音の変化です。これも耳にす
ることが多いはずです。

例 kindness /káindnəs/「カィン(ド)ネス」(親切)
hidden /hídn/「ヒヌン / ヒドゥン」(隠された)
written /rítn/「ゥリヌン / ゥリトン」(書かれた)

24

## 24講 | ら行に聞こえる t

演習の問題 → 本冊P.65

**1** ① pretty ② matter ③ better ④ forty・party ⑤ water

**2** ① a lot of ② What are you ③ get up ④ what I said ⑤ but I ⑥ get angry about it

---

**1**

① **解答** pretty /príti/「プリディ」(かわいい)
訳 オリヴィアはとてもかわいい顔をしている。

② **解答** matter /mǽtər/「メァラ(ー)」(問題)
訳 どうしたの？
with you は「ウィジュー」のように聞こえることもあります。

③ **解答** better /bétər/「ベラ(ー)」(good の比較級)
訳 状況は一向によくなっていない。

④ **解答** forty /fɔ́ːrti/「フォーディ」(40)・party /páːrti/「パーリ(ー)」(パーティー)
訳 パーティーに40人より多くの人がいた。

⑤ **解答** water /wɔ́ːtər/「ウオラ(ー)」(水)
訳 コップ1杯のお水をもらえますか？

- - - - - - - -

▶ **音のポイント**
🇺🇸では/t/が母音にはさまれると、「ら」や「だ」のような音に聞こえます。なお、🇬🇧ではwater「ウオウタ」のように/t/の音が聞こえます。

- - - - - - - -

**2**

① **解答** a lot of「ァロロヴ」(たくさんの〜)
訳 高校生はたくさんの睡眠が必要だ。

② **解答** What are you「ワッラーユ」
訳 今何してるの？
right now(ちょうど今)は「ゥライッナゥ」のように聞こえます。

③ **解答** get up「ゲラ(プ)」
訳 今朝何時に起きたの？

④ **解答** what I said「ワッリィセッ(ド)」
訳 昨日私があなたに言ったことを忘れないで。

⑤ **解答** but I「バラィ」
訳 一緒に行きたいんだけど、宿題しなきゃ。
have to は「ハフタ」のように聞こえます。

**アドバイス**

**have to の発音はなぜ「ハフタ」？**

have は動詞の場合は /hǽv/「ヘァヴ」、機能語になる場合は /həv/「ハヴ / ァヴ」と読み上げられます

が、have to とつながると「ハヴタ」ではなく「ハフタ」と読み上げられます。これは、/v/ の後ろに無声音である /t/ が続いているので、/v/ も無声音/f/ にしたほうが発音しやすくなるためです。(/v/ と /f/ は同じように上の歯を下唇に軽く乗せて、息を摩擦させて出される音でしたね。)have to の他にも、例えば of course の of も単体では /əv/「ァヴ」ですが、course/kɔ́ːrs/ の無声音/k/ に合わせて、「ァヴコース」ではなく「ァフコース」と読み上げられます。

⑥ **解答** get angry「ゲッレァングリ」about it「ァバゥリ(ト)」
訳 お母さんがそのことで怒らなきゃいいんだけど。
angry はアングリーではなく /ǽŋgri/「エァングリィ」と発音されます。

**アドバイス**

**その他の注意すべき音の変化②**

副詞でよくある語尾の -dly や -tly において、**/t/ や /d/ の音が飲み込まれて /l/ の音のみが聞こえてくる**という音の変化も耳にする頻度が高いものです。

例 mostly /móustli/「モゥス(ト)リ」(主に)
hardly /hάrdli/「ハー(ド)リ」(ほとんど〜ない)
exactly /igzǽk(t)li/「ィグゼァク(ト)リ」(ちょうど)

25

**1** ①イ ②ウ ③ア ④イ ⑤ア ⑥ア

**2** ① wool towels ② chocolate・coffee ③ dessert・steak ④ her career ⑤ raincoat・hood
⑥ potatoes・oven ⑦ label・vitamin

**1**

① 解答 イ technique /tekníːk/「テクニー(ク)」(技術)

② 解答 ウ volunteer /vɑ̀ləntíər/「ヴァランティア(ー)」(ボランティア)
ee が含まれる場合は、その音節にアクセントが置かれます。→16講

③ 解答 ア elevator /éləveitər/「エレヴェイタ(ー)」(エレベーター)

④ 解答 イ percentage /pərséntidʒ/「パーセンティッジ」(パーセンテージ)

⑤ 解答 ア delicate /délikət/「デリカッ(ト)」(デリケート)

⑥ 解答 ア alcohol /ǽlkəhɔl/「ェアルカホーゥ[ル] /ェアルカハゥ[ル]」(アルコール)

**2**

① 解答 wool /wúl/「ゥウ[ル]」(ウール) towels /táuəlz/「タゥウ[ル]ズ」(タオル、towel の複数形)
訳 すみません、ウールのタオルはどこにありますか?

② 解答 chocolate /tʃɔ́(ː)kələt/「チョカレ(ト)」(チョコレート)・coffee /kɔ́ːfi/「コーフィ」(コーヒー)
訳 このダークチョコレートはコーヒーにとてもあう。
**go with ～(～とあう、調和する)も重要です。**

③ 解答 dessert /dizə́ːrt/「ディザー(ト)」(デザート)・steak /stéik/「スティ(ク)」(ステーキ)
訳 ステーキのあとでデザートはいかがですか?
dessert(デザート)と desert/dézərt/「デザー(ト)」(砂漠)は**スペルやアクセントの位置を意識して覚**えておきましょう。また、Would you は「ウヂュ(ー)」のように聞こえます。→23講

④ 解答 her career /kəríər/「カリア(ー)」(キャリア)
訳 エマはピアニストとしてのキャリアを始めた。
her/hə:r/ は最初の /h/ が聞こえづらく、「アー」のように聞こえることがあります→22講。また、career の**アクセントの位置にも注意**しましょう。

⑤ 解答 raincoat /réinkout/「ゥレィンコゥ(ト)」(レインコート)・hood /húd/「フ(ド)」(フード)
訳 フードつきのレインコートを買いたい。

⑥ 解答 potatoes /pətéitəuz/「パティタゥズ」(じゃ

がいも、potato の複数形)・oven /ʌ́v(ə)n/「アヴン」(オーブン)
訳 じゃがいもをオーブンに入れ、20分間焼きましょう。
roast/róust/「ゥロゥス(ト)」(～を焼く、～をローストする)も覚えておきましょう。

⑦ 解答 label /léib(ə)l/「レィベゥ[ル]」(ラベル)・vitamin /váitəmin/「ヴァイタミン」(ビタミン)
訳 ラベルにはビタミンCと書いてある。
vitamin は 🇬🇧 では /vítəmin/「ヴィタミン」と発音されます。

---

**アドバイス**

**注意すべきカタカナ語**

発音・アクセントに特に注意してほしい単語の一部を紹介します。カタカナ語は正しい発音・アクセント・意味を確認するようにしましょう。

- コントロール
control /kəntróul/「カントゥロゥ[ル]」
- ダメージ
damage /dǽmidʒ/「ダミッジ」
- エネルギー
energy /énərdʒi/「エナヂィ」
- ルーズ(ゆるんだ)
loose /lúːs/「ルース」
- チャレンジ(～に挑む)
challenge /tʃǽlindʒ/「チェァリンヂ」
- プライベート
private /práivet/「プゥライヴェッ(ト)」
- サラダ
salad /sǽləd/「セァラ(ド)」
- テーマ
theme /θíːm/「スィーム」
- ボリューム
volume /váljəm/「ヴァリャム」
- ボトル
bottle /bátl/「バトゥ[ル]」
- マネージャー(経営者、管理者)
manager /mǽnidʒər/「メアニヂァ(ー)」
- フォト
photo /fóutou/「フォゥトゥ」

---

**1** ① an actor ② his reason ③ many clothes ④ a computer ⑤ students spent

**2** ① a little dog ② some flowers ③ a white dress ④ three blocks ⑤ an unusual design

---

**1**

① **解答** an actor

訳 トムは俳優だ。

「アネァクター」とつながって聞こえますが、Tom is「トムは…だ」というカタチから形容詞か名詞が入ることを予想し文法知識を使って音のカタマリを分けましょう。

**アドバイス**

**an は名詞が母音で始まるときにつけるというけれど…**

**a ＋数えられる（可算）名詞**は「名詞が1つある」ことを意味し、**母音の前だと an** が用いられます。この「母音の前」は、スペルが a / i / u / e / o ではじまるものということではなく、**名詞の始めの発音が母音のときにつけられる**ことに注意です。

例 × a hour → **an** hour /áuər/
　　× an university → **a** university /junəvə́ːsəti/

② **解答** his reason

訳 彼がまた遅れた理由は何ですか？

his reason は his の /h/ が弱く読まれて「イズ」に近く聞こえますが、前後のカタチをヒントに his を導きましょう。➡22講

③ **解答** many clothes

訳 私の姉はたくさんの服を持っている。

空所の前の動詞 has は他動詞ですので、空所には名詞が入ることをヒントに同じ発音の close ではなく clothes と書き入れましょう。

④ **解答** a computer

訳 私は1日中コンピュータの前に座っていた。

空所の前の in front of と a が**つながって聞こえる**ため聞き取りづらいですが、可算名詞である **computer /kəmpjúːtər/** に複数形の -s の音が聞こえないことから、**a computer** としましょう。また、**computer の /t/ は母音の間にはさまれている**ため、🇺🇸では「カンピューラ」のように聞こえることがあります。➡24講

⑤ **解答** students spent

訳 私の生徒の1人は夏の間ずっとボストンで過ごした。

**one of 複数名詞（〜のうちの1つ）から、複数形の名詞** が入ることを予想しておきましょう。students spent と似た音が重なって聞き取りづらいため、上記のような知識を活用して補うことが大切です。

▶ 音のポイント

a、an、the や複数であることを表す -s は音が短く、前後の語とつながったりして聞き取りづらいですが、イラスト問題などで重要になることも多いです。周囲のカタチなどから文法知識を使って補いましょう。

**2**

① **解答** a little dog

訳 庭に小さい犬がいる。

a little dog は「ァリトゥドー（グ）」のように全て**つながって**聞こえますが、There is の後ろには a [an] ＋名詞が来ることがヒントになります。

② **解答** some flowers

訳 彼は彼女に何本かお花を買ってあげた。

some「サム」は機能語であるため短く弱く発音されますが、**flowers の /-z/ の音**をヒントに音を補って聞きましょう。

③ **解答** a white dress

訳 メグは白いドレスを着てきれいだった。

④ **解答** three blocks

訳 3ブロック直進して、信号を右折してください。

three をヒントに**複数形**にします。

⑤ **解答** an unusual design

訳 この部屋は、変わったデザインで人気があります。

**動詞 has の後ろに続く目的語を書き取る**ことが求められているため、カタマリ全体で名詞になるべきということをヒントに音を分解しましょう。

**1** ① goes to　② got up　③ won't go　④ always drinks　⑤ sent me

**2** ① visited her　② want to give　③ it won't rain　④ ran to　⑤ will be over

**1**

① **解答** goes to
訳 私の母は毎週日曜日に市場に行く。
goes の音だけでなく習慣を表すフレーズevery Sunday をヒントに現在形を導きましょう。

② **解答** got up
訳 今朝7時に起きた。
got の /t/ は母音にはさまれているため、🇺🇸では「ガラ（プ）」のように聞こえます。at 時刻や this morning が続いていることをヒントに音を分解し理解しましょう。

③ **解答** won't go
訳 私は明日海に泳ぎに行かないつもりだ。
動詞の原形が続いていることと tomorrow をヒントに want ではなく won't であると判断しましょう。

④ **解答** always drinks
訳 モニカは朝食にいつもコーヒーを飲む。
always/ɔ́:lweiz/「オールウェィズ」を聞き取ることができれば、習慣的な動作、つまり現在形である可能性が高いことがわかるため、三単現の s を忘れないようにしましょう。

⑤ **解答** sent me
訳 昨日の夜ジェイムスは私にメールを送ってくれた。
send と sent は聞き分けづらいですが、過去を表す表現 last night から過去形だと判断しましょう。

**2**

① **解答** visited her
訳 私は子どもの頃彼女を頻繁に訪問した。
when I was little から過去形と判断しましょう。

② **解答** want to give
訳 お母さんに誕生日プレゼントをあげたい。
want/wánt/ to/tə/ は同じ /t/ が続いているため、/t/ は1度しか発音されず「ウァントゥ[タ] / ウォントゥ[タ]」のように聞こえます。➡20講

③ **解答** it won't rain
訳 天気予報は明日は雨が降らないだろうと言っている。
the weather forecast（天気予報）や tomorrow など

の内容をヒントに、短く読み上げられて聞き取りづらい天候を表す it と won't/wóunt/「ウォゥン（ト）」が聞き取れたかがポイントです。

④ **解答** ran to
訳 オリヴィアは駅まで走ってちょうど電車に乗った。
run/rán/ と ran/rǽn/ を母音の違いで聞き分けることは難しく感じられるかもしれませんが、現在形であれば聞こえてくるはずの三単現の s の音が聞こえないことから過去形とわかります。just in time（ちょうど間に合って）も重要です。

⑤ **解答** will be over
訳 私の休暇は1週間で終わる。
助動詞 will は /(w)əl/「ウ［ル］」のように弱く短く読まれ聞き取りづらいですが、be が続いていることから well/wél/「ウェゥ［ル］」ではないことがわかります。また、over/óuvər/ は「オーバー」ではなく、「オゥヴァ」と聞こえます。

---

**アドバイス**

**-s の発音**
複数形や三単現の s の発音には /iz/「イズ」、/z/「ズ」、/s/「ス」の3つのバリエーションがあります。

- /s, z, ʃ, ʒ, tʃ, dʒ/ で終わる語 + es
→ /iz/「イズ」（または /əz/「アズ」）
例 wishes /wíʃiz/「ウィッシィーズ」
- その他の有声音で終わる語 + s
→ /z/「ズ」
例 goes /góuz/「ゴゥズ」
- その他の無声音で終わる語 + s
→ /s/「ス」
例 books /búks/「ブクス」

時制や名詞の単複を判断する際のポイントとなる音なので、聞き逃さないように注意しましょう。

1 ① was playing ② keep in ③ is living in ④ He's looking ⑤ was wondering
2 ① was taking ② is waiting ③ wait in ④ I'm working ⑤ are you doing

**1**

① **解答** was playing

**訳** 昨晩あなたが私に電話したとき、私はピアノを弾いていました。

続く the piano もヒントに plain/pléin/「プレイン」（無地の）ではなく **playing/pléiŋ/** とします。

② **解答** keep in

**訳** この川で泳ぐ場合、何に気をつけるべきですか？

keeping/kí:piŋ/ ではなく、**mind とのつながりも考えて keep in** と2単語に分けます。keep in mind 〜 / keep 〜 in mind（〜を心に留めておく）も重要です。

③ **解答** is living in

**訳** トーマスは今はニューヨークに住んでいる。

④ **解答** He's looking

**訳** 彼は鍵を探している。

「ヒーズ」と**母音が長めに聞こえてくる**ことから、His ではなく He's とします。このカタチをヒントに「ルッキン」を looking と判断します。**look for 〜（〜を探す）**も重要です。

⑤ **解答** was wondering

**訳** 今日ミーティングできるでしょうか。

短く聞き取りづらいですが、if「イフ」をヒントとし、（〜かどうかと思う）を意味する **wonder if 〜** を過去進行形にしたカタチを導きます。**I was wondering if 〜** は丁寧にお願いする際の言い回しです。

**2**

① **解答** was taking

**訳** あなたが昨夜私の家に来たとき、私はお風呂に入っていました。

was「ワズ」を聞き取り、was take in ではなく **was taking** としましょう。

② **解答** is waiting

**訳** ジャックは駅で妹を待っているところだ。

is の音を聞き取り、**waiting for 〜（〜を待っているところだ）**と進行形で書き入れましょう。

**アドバイス**

**-tion/-sion の発音**

-tion と -sion で終わる語はともに**名詞**です。**-tion** は /ʃ(ə)n/「シャン / ション」と発音されます。**-sion** は子音の後ろでは /ʃ(ə)n/「シャン / ション」、母音の後ろでは /ʒ(ə)n/「ジャン / ジョン」となります。またこれらの**1つ前の母音にアクセントが置かれる**ことも覚えておくと便利です。

• -tion
　例 educa**tion** /edʒukéiʃ(ə)n/
　　「エデュケィシャン」（教育）

• 子音 + sion
　例 mis**sion** /míʃ(ə)n/「ミシャン」（任務）

• 母音 + sion
　例 deci**sion** /disíʒ(ə)n/「ディシジャン」（決定）

③ **解答** wait in

**訳** この部屋でしばらくお待ちください。

「ウェィティン」と聞こえたカタマリは **be 動詞の音が聞こえない**こと、また**後ろに this room と名詞が続いている**ことをヒントに、waiting ではなく **wait in** と書き入れます。②との違いに注意しましょう。

④ **解答** I'm working

**訳** 私は今、そのプロジェクトに取り組んでいるところだ。

be 動詞があることから、はっきり聞こえてこない ing の部分を補い、working on とします。また **work on 〜（〜に取り組む）**も覚えておきましょう。

⑤ **解答** are you doing

**訳** レイチェル、今週末何するの？

🇺🇸 では、What are you doing は What の /t/ が母音の間にはさまれているので、「ワット」ではなく「ワラ」のように聞こえ、またつながって「ワラーユドゥーイン」のように聞こえます。**➡24講**

> 1　① had・left　② has lived　③ had been reading　④ has been　⑤ I've heard
> 2　① have known　② We'd arrived　③ I've never read　④ have you been
> 　　⑤ had already begun

## 1

① **解答** had・left
**訳** 私が駅に着いたとき、電車はすでに出発していた。
had の /d/ と母音で始まる already/ɔːlrédi/ がつながって聞こえるので、比較的 had の音が聞き取りやすくなっています。会話などでは、**過去完了を表す had は短縮形で I'd のように用いられることが多く、その場合 /d/「ド」の分の間**が感じられる程度で、過去形と区別をつけることが非常に難しくなります。ここでもやはり、**文法知識や内容を意識しましょう**。

② **解答** has lived
**訳** ロンは東京に3年間住んでいる。
has の部分がはっきり聞こえてきませんが、期間を表す for など**文法知識や内容を意識し補いましょう**。

③ **解答** had been reading
**訳** ピーターが到着したときにアリスは3時間本を読んでいた。

④ **解答** has been
**訳** 私がギター（の弾きかた）を学び始めてから約1年が経ちます。
**it has been 時間 since ～（～して…経つ）も重要表現**です。

⑤ **解答** I've heard
**訳** あなたについてたくさん聞いてますよ！
冒頭の「アィヴ」I've（I have の短縮形）の後ろには過去分詞が続くはずなので、「ハード」は heard /hə́ːrd/（hear の過去分詞）とわかります。hard /hɑ́rd/ と間違えないようにしましょう。

## 2

① **解答** have known
**訳** 私たちは子どもの頃からお互いのことを知っています。
known/nóun/「ノゥン」や、since childhood（子どもの頃から）も現在完了と判断する**ヒントとして活用しましょう**。

② **解答** We'd arrived
**訳** 雨が降り始める前に、私たちはレストランに着

いていた。
**start doing（～し始める）のカタチも重要**です。

③ **解答** I've never read
**訳** こんなに面白い本を今まで読んだことがない。
3単語目の「ゥレ（ド）」を文法・内容的に補って同音異義語の red（→36講）ではなく read（read の過去分詞）としましょう。

④ **解答** have you been
**訳** あなたはどのくらいこの学校で教えているんですか？
冒頭の **How long/lɔ́ːŋ/「ハゥロン（グ）」（どのくらい）が後ろに現在完了が続く大きなヒント**になります。

⑤ **解答** had already begun
**訳** その男の子が教室に入ったときには、授業はすでに始まっていた。

> 🗨 **アドバイス**
>
> ### 紛らわしい過去形と過去分詞の音の区別
>
> 先ほど登場した begin の過去分詞 begun は、ローマ字読みをすると「ビグン」となりますが、このように覚えていると流れてきた音声を聞き取ることができません。**正しい発音を確認し、覚えておきましょう**。
>
> - begin　　－　began　　－　begun
>   /bigín/　　/bigǽn/　　/bigʌ́n/
>   「ビギン」　「ビギァン」　「ビガン」
>
> 母音が /i - æ - ʌ/ と変化しています（詳しい「あ」の出しかたは→10講）。なお、run/rʌ́n/「ゥラン」- ran/rǽn/「ゥレァン」- run/rʌ́n/「ゥラン」も注意が必要です。

演習の問題 → 本冊P.77

**1** ① may have to ② may have lived ③ should have been ④ mustn't drive his
⑤ must have happened

**2** ① can't find ② could have said ③ must have left ④ should have turned
⑤ shouldn't have eaten

**1**

① **解答** may have to
訳 マイリーは新しい計画を担当することになるかもしれない。
to ははっきり「トゥー」とは聞こえませんが、have が「ハフ」と聞こえ後ろに原形が続いていることをヒントに to を入れましょう。**take charge of 〜（〜を受け持つ）** も重要です。

② **解答** may have lived
訳 ベルは子どもの頃に日本に住んでいたのかもしれない。
弱く短い「ァヴ」を have と理解し、may have done のカタチを導くことが大事です。また、「リヴ<u>ディン</u>」と /d/ の音が含まれることからも、may have done のカタチを用いているとわかります。

③ **解答** should have been
訳 あなたはその時もっと注意すべきだった。
should have been の **been** は情報を含み強くなる場合は「ビーン」と /iː/ を含みますが、**弱い読み上げの場合は「ビン」** と聞こえます。

**アドバイス**

「シュダヴ」は should of !?
「シュダヴ」は文法的に考えると should have であるとわかりますが、ネイティブスピーカーでさえも should of や shoulda と書いてしまうことがあります。ネイティブスピーカーが of /(ə)v/ だと勘違いしてしまうくらい、**助動詞に続く have /(h)əv/ は短く弱く読み上げられる** ということです。

④ **解答** mustn't drive his
訳 ジョンは車を運転してはならない。彼は夕食と一緒にワインを飲んでいるから。
mustn't の t ははっきり /t/ と聞こえないこともありますが、**否定形の場合にだけ含まれる /n/ の音や母音が聞き取りやすいことが決め手となります** →18講。なお、drive の後ろの his も /h/ が脱落して「ィズ」のように聞こえますが、is では文法的に不自然なので his と判断しましょう。

⑤ **解答** must have happened
訳 ディヴィッドとエマの間に何か起こったに違いない。
happened のような **過去分詞** は、-ed/d/ の部分が **はっきり聞き取れない場合も多く、原形と区別がつきづらいので、文法知識を活用して補って聞く** ようにしましょう。-ed の発音については →33講 の解答のアドバイスも読んでみて下さいね。

▶ 音のポイント
弱く短い「ァヴ」の音が聞こえたら、助動詞 have done だと理解しましょう。

**2**

① **解答** can't find
訳 私のスマホをどこにも見つけられないの。
否定の **can't** は /kǽnt/「キェァン（ト）」と**比較的母音がはっきり聞こえます**。なお、🇬🇧 では「カーン（ト）」のように発音されます。

② **解答** could have said
訳 私はウィリアムに言い過ぎたかもしれない。
could have は「クダヴ」のように聞こえます。can と同様、could も「ク（ド）／カ（ド）」のように弱く聞こえることを覚えておきましょう。

③ **解答** must have left
訳 昨日私たちが行ったカフェにあなたは傘を忘れてきたに違いない。

④ **解答** should have turned
訳 私たちは最後の角で右に曲がるべきでした。

⑤ **解答** shouldn't have eaten
訳 とてもお腹いっぱい。こんなにたくさん食べるんじゃなかった！

**1** ① could buy ② had known ③ should have ④ Were I ⑤ wishes he had

**2** ① would look ② Should you have ③ would have worn ④ wish she would

⑤ could have bought

---

**1**

① **解答** could buy

(訳) もし十分なお金を持っているなら、新しいノートパソコンが買えるのに。

If S' + did ～から仮定法過去のカタチだと見抜き、聞き取りづらい音も文法知識で補って書き入れましょう。

② **解答** had known

(訳) もしそれについて知っていたら、君に言っただろう。

特に速い読み上げの中では、**had は弱く短く聞こえる**ことが多いですが、known「ノゥン」の音を聞き逃さないことと、would have told のカタチから仮定法過去完了を見抜くことがポイントとなります。

③ **解答** should have

(訳) もし万が一何か質問があれば、お気軽に私たちにご連絡ください。

If you should have any questions（もし万が一何か質問があれば）はよく使われるので覚えておきましょう。

④ **解答** Were I

(訳) もし私があなたの立場なら、私はそのオファーを受けないだろう。

**Were I in your position（If I were in your position), I would do ～.**（私があなたの立場なら、～だろう）もよく使われるフレーズです。似た意味を表す If I were you や If I were in your place とあわせて覚えておきましょう。

⑤ **解答** wishes he had

(訳) ノアは友達とサーフィンに行けばよかったと思っています。

後ろの his をヒントに wishes he と判断しましょう。

- - - - - - - - - - - - - - - - - - - - - - - - - -

▶ 音のポイント

助動詞や had done などの聞き取りづらい音もカタチから仮定法を見抜き、文法知識で補って理解しましょう。

- - - - - - - - - - - - - - - - - - - - - - - - - -

**2**

① **解答** would look

(訳) もし彼女の髪がブラウンだったら、全く別人のように見えるだろう。

would/wud/「ウ（ド）」は、**弱く短く読み上げられる**ことが多いため聞き逃さないように注意です。また、**look like ～「ルッ（ク）ライ（ク）」（～のように見える）**も重要です。

② **解答** Should you have

(訳) もし万が一何か質問があれば、手をあげてください。

「シュヂュ」の「ヂュ」の部分は/d/ + /j/ が混ざったときの音だと気づければ（→23講）、should you と分けやすくなります。また、raise your も raise の /z/ と your の /j/ が混ざって「ゥレイジュア」のように聞こえます。

③ **解答** would have worn

(訳) もし雨が降ると知っていたら、長靴をはいたのに。

**If S' + had done ～のカタチから仮定法過去完了**だと見抜き、文法知識で補って would have done のカタチにたどり着きましょう。そうすれば、同じ発音の warn/wɔ́:(r)n/「ゥォーン」（～に警告する）ではなく worn（wear の過去分詞）とすべきだと分かります。

④ **解答** wish she would

(訳) 彼女が私たちのチームに加わってくれればいいのに。彼女は走るのが一番速いのよ。

wish she は「ウィッシー」のようにつながって聞こえます。**wish he と wish she は区別がつきづらい**ため、2文目の She のように**周囲のヒントを活用**しましょう。

⑤ **解答** could have bought

(訳) もしもっとお金を持っていたら、最新のスマホを買えただろうに。

**bought/bɔ́:t/「ボー（ト）」**（buy の過去・過去分詞形）は boat/bóut/「ボゥ（ト）」と発音を間違えないよう、正しく覚えておきましょう。 →15講

**1** ① been to / イ　② studying for / ア　③ wanted to / イ

**2** ① He's finished　② He'd love　③ There's no way　④ You're not allowed　⑤ It's expected
　　⑥ the teachers' room

---

**1**

① **解答** been to / イ has

🔵訳 彼はパリに数回行ったことがある。

まず、「ヒーズ」と母音が長めに聞こえてくることから、His/(h)iz/「ヒズ」ではなく **He's/hi:z/**「ヒーズ」と判断します。さらに、続く been to「ビンタ」から He's の **-'s は has** だったとわかります。また、several times「セヴラッ[ル]　タィムズ」（数回）も **経験を表す現在完了** だと判断するヒントとなります。

② **解答** studying for / ア is

🔵訳 彼は明日の英語の試験に向けて勉強しているところだ。

「スタディン」を文法知識を使って、study in ではなく studying だと判断できれば、現在進行形の is studying とわかります。

③ **解答** wanted to / イ had

🔵訳 彼らはあのホテルに長い間行ってみたいと思っていた。

wanted の **最後の子音 /d/ と** to の **最初の子音 /t/** の発音方法が似ているため最初の **/d/ が聞こえなく** なり、「ゥアンティットゥ」のように聞こえます ➡20講。この「ティッ」の部分から、過去完了であると判断しましょう。

---

▶ 音のポイント
後ろに続くカタチをヒントに文法知識を活用して、短縮する前のカタチを判断しましょう。

---

**2**

① **解答** He's finished

🔵訳 彼はあの本を読み終わったから、もしかしたら彼から借りられるかもしれないよ。

② **解答** He'd love

🔵訳 彼はあなたからプレゼントをもらいたいと思うな。

「ヒー（ド）ラヴ」のように聞こえるカタマリを分解します。-'s「ズ」と違って、-'d は「ド」の分の間が感じられる程度で聞き取りづらいことが多いです。He が主語であるにもかかわらず、次の love に

三単現の s の音が含まれないことと、/d/ の分の間をヒントに、would である -'d を補い He'd としましょう。

③ **解答** There's no way

🔵訳 彼らがそれを知ってたなんてありえないよ！

「ゼァーズ」と聞こえる部分を There's/ðərz/ と理解できたかがポイントです。発音が似ていても、文法的に考えると、Theirs/ðéərz/「ゼァーズ」（彼らのもの）ではないことがわかります。

④ **解答** You're not allowed

🔵訳 ここに車を駐車することは許可されていません。

冒頭の「ユアー」を、You're/júər/ か Your/júər/（所有格）か判断することがポイントです。発音では区別が難しいため、**Your のように所有格の代名詞には名詞が続くはずである** という文法知識を用いると、今回は You're になるとわかります。-'s や -'d と同じように、「ユア（ー）」の聞き取りにも注意が必要です。

⑤ **解答** It's expected

🔵訳 日本の子どもの数は減ることが予想されている。

④と同様に、It's と Its（所有格）を区別する必要がありますが、ともに /its/「イッツ」と発音されるため、音だけでは区別がつきません。そこで、次に expected/ikspéktid/「イクスペクティッ（ド）」が続いていることから、Its ではなく **It's** であるとわかります。**It's expected that ～**（～ということが予想される）も覚えておきましょう。この It's は It is の短縮形です。

⑥ **解答** the teachers' room

🔵訳 ケヴィンは職員室に呼ばれた。

「ティーチャーズゥルーム」と聞こえた部分は、Kevin was called to ～（ケヴィンは～に呼ばれた）という内容を考えて、**teachers'/tí:tʃərz/ room**（職員室）とします。is の縮約形の -'s ではなく、（先生たちの）と所有格のカタチです。職員室には複数の先生がいることが想定されるので、teacher's ではなく teachers' とすることにも気をつけましょう。

## 33講 | 分詞

演習の問題 → 本冊P.83

**1** ① lost items ② living things ③ had・carried ④ broken glass ⑤ talking to

**2** ① made in ② a crying baby ③ most boring movie ④ the walls painted ⑤ working women

**1**

① **解答** lost items

訳 毎日失くしたものを探すのにどのくらいの時間を費やしていますか？

look for 〜（〜を探す）や each day（毎日）も覚えておきましょう。

② **解答** living things

訳 すべての生き物は、生きるために水が必要だ。

living/líviŋ/「リヴィン」と聞こえますが、live in things とすると意味が通らないため、内容や文法知識を使って補い living と現在分詞のカタチにしましょう。water の発音は →24講 で扱っています。

③ **解答** had・carried

訳 ケリーはポーターにスーツケースを運んでもらった。

carried/kǽrid/ は内容や、have（get）O done（O を〜してもらう）の文法知識を活用し補って聞き取りましょう。have（get）O done（O を〜してもらう）はイラスト問題や短文の書き換え選択問題などとも相性がいいフレーズです。

④ **解答** broken glass

訳 その割れたコップに触らないで！

過去分詞 broken は glass/glǽs/「グレァス」を修飾し、（割れたコップ）のカタマリを作っています。grass/grǽs/（草）としないように注意です。

⑤ **解答** talking to

訳 ケイトに話しかけている男の人って、誰だと思う？

⋯⋯⋯⋯⋯⋯⋯⋯⋯⋯⋯⋯⋯⋯⋯⋯⋯⋯⋯⋯⋯

▶ 音のポイント

文法知識や内容から聞き取りづらい音を補って、**現在分詞の -ing と in、過去分詞（done）と原形**などを聞き分けましょう。

⋯⋯⋯⋯⋯⋯⋯⋯⋯⋯⋯⋯⋯⋯⋯⋯⋯⋯⋯⋯⋯

**2**

① **解答** made in

訳 この工場で作られる大半の品物は輸出されます。

「メィディン」と聞こえるカタマリを文法知識や内容を考えて理解します。mading という単語はないので、**made in** と2単語に分けましょう。

② **解答** a crying baby

訳 バスに泣いている赤ちゃんがいました。

③ **解答** most boring movie

訳 それは今まで見た中で一番退屈な映画かもしれない。

④ **解答** the walls painted

訳 明日壁を彼に塗ってもらうわ。

⑤ **解答** working women

訳 日本の働く女性の数は増えている。

working/wə́:rkiŋ/「ゥアーキン」と聞こえますが内容や文法知識を使って補い working と現在分詞のカタチにしましょう。work in や walking/wɔ́:kiŋ/「ゥオーキン」としないように注意です。また、women/wímin/「ゥイミン」も正しい発音を覚えておくことが重要です。

### アドバイス

**-ed の発音**

**過去形や過去分詞形を作る -ed の発音には /id/「イド」、/əd/「アド」、/d/「ド」、/t/「ト」の4つのバリエーション**があります。

- /t//d/ で終わる語 + ed
  → /id/「イド」または /əd/「アド」
  例 started /stártid/「スターティ（ド）」
- その他の有声音で終わる語 + ed
  → /d/「ド」
  例 traveled /trǽvəld/「トレァヴァルッ（ド）」
  ※母音は全て有声音なので、母音に続く場合も同様です。
- その他の無声音で終わる語 + ed
  → /t/「ト」
  例 washed /wáʃt/「ゥアッシュッ（ト）」

**-ed は /d//t/ のように破裂する音で終わるため、聞き取りづらいことが多い**です。文法知識や内容で補いながら聞き取る練習をしましょう。

---

**1** ① more useful ② twice as many ③ quicker than ④ the brightest of ⑤ tallest player in

**2** ① half as many ② than usual ③ easier to understand ④ more than ⑤ larger than that

---

**1**

① **解答** more useful
訳 この辞書はあの辞書より便利だ。

② **解答** twice as many
訳 私はジョンソンの2倍の数の本を持っている。
**as/əz/** は「ァズ」と**弱く短く読み上げられ**、また直前にある twice/twáis/ の最後の子音とつながり、「トヮィサズ」のように聞こえることがあります。
**as many ＋複数名詞 as 〜（〜と同じくらいの数）** のカタチの知識もヒントとなります。

③ **解答** quicker than
訳 電車で行くことは車で行くよりも速い。
**than は機能語で弱く短く発音されますが、耳に残りやすい音なので、この講でしっかり慣れましょう。**

④ **解答** the brightest of
訳 マギーは全校生徒の中で最も賢い。
**brightest/bráitəst/**「ブライテス（ト）」と **of/əv/** がつながり、「ブライテストヴ」のように聞こえます。

⑤ **解答** tallest player in
訳 タケはチームの中で一番背が高い選手だ。

▶ **音のポイント**
than や as は短く弱く読み上げられたり、前後の音とつながって聞こえたりするので、**聞き取りづらいこともありますが、内容や文法知識で補って理解しましょう。**

---

**2**

① **解答** half as many
訳 愛犬のおやつを食べる量が以前の半分になっている。**half/hǽf/**「ヘァフ」と **as/əz/** は「ァズ」とつながり「ヘァファズ」のように聞こえます。half（2分の1）のような分数に関係した言い回しはまとめて **➡39講** で確認します。

② **解答** than usual
訳 私はいつもより早く起きた。
**than usual（いつもより）** の **than/ðən/**「ザン」と **usual/júːʒuəl/**「ユージュアゥ[ル]」はつながり、「ザニュージュアゥ[ル]」のように聞こえることがあ

---

ります。

③ **解答** easier to understand
訳 この本はあの本より理解しやすいよ。

④ **解答** more than
訳 日本では3000を超える雑誌が出版されている。

---

**アドバイス** 👩

覚えておくべき比較に関係する表現

イラストやグラフなどの描写で比較表現は多く出題されます。**more than 〜（〜より多い）** のように、よく使われるフレーズを確認しておきましょう。

• **more than**「モ（ー）ァザン」（〜より多い）
※ more than 3は3より多い（3を含まない）ことを意味します。

• **less than**「レスザン」（〜より少ない）
※ less than 3は3より少ない（3を含まない）ことを意味します。

• **almost** /ɔːlmóust/「オールモゥス（ト）」（**ほとんど、だいたい**）
例 Serina is almost as tall as her big sister.
セリーナはお姉ちゃんと大体同じくらいの身長だ。
※セリーナの身長はお姉ちゃんの身長には達していない（もう少しで同じくらい）ということを意味します。

---

⑤ **解答** larger than that
訳 東京の人口は大阪の人口より多い。
「ザットヴ」を that of と2単語に分けられたかが決め手となります。

**1** ① on the wall ② to work ③ in front of ④ out of ⑤ increased by·to
**2** ① at the corner ② under the table ③ Walk along ④ located in ⑤ in a minute

## 1

① **解答** on the wall
訳 壁にかかっている絵はとても有名だ。
**on/ɑn、ɔn/** は「アン」または「オン」のように聞こえます。

② **解答** to work
訳 彼は車で通勤している。
**to/tə、tu/** は「タ」「トゥ」のように聞こえます。

③ **解答** in front of
訳 10時にホテルの前に私を迎えに来れる？
**in front of** は「インフランタヴ」のようにつながって聞こえます。場所に関する表現は地図などの描写問題に必須です。**➡42講**

④ **解答** out of
訳 ニックは数分前に部屋から出て行った。
**out of ～（～の外へ）** は「アウト　オヴ」ではなく、「**アゥタヴ**」のように**つながって**聞こえます。

⑤ **解答** increased by·to
訳 僕のお小遣いは3ドル上がって10ドルになった。
**by** は「バィ」のように聞こえます。**to** は（～まで）と到達点を、**by** は（～だけ）と程度を表し、グラフなどの数値の描写と相性がよい前置詞ですので覚えておきましょう。**➡43講**

------

▶ **音のポイント**
**前置詞は弱く短く読み上げられたり、前後の単語とつながることが多いです。ただし、重要な情報を含む場合ははっきり聞こえるので、それぞれの前置詞の正しい音を覚えて対応できるようにしましょう。**

------

## 2

① **解答** at the corner
訳 当ホテルはオーク通りと5番通りの角にあります。
**at/ət/** は「アット」ではなく、「**ア（ト）**」のように短く聞こえます。

② **解答** under the table
訳 あなたのペンはテーブルの下ですよ。
**under/ʌ́ndər/**「**アンダァ**」は聞き取りやすいです

が、**table/téibl/** は「テーブル」ではなく「**ティブゥ [ル]**」という正しい音を覚えておきましょう。

③ **解答** Walk along
訳 この通りに沿って1ブロック歩きなさい。
**along/əlɔ́ːŋ/（～に沿って）** は「アロング」ではなく、「**アローン**」のように聞こえることに注意です。なお、alone/əlóun/（一人で）は「ア<u>ロゥ</u>ン」と聞こえます。oの発音に注意して覚えておきましょう。

④ **解答** located in
訳 美術館は市の中心部に位置しています。
**located/lóukeitid/**「ロゥケィティ（ド）」と in はつながって「ロゥケィティディン」と聞こえます。**be located in ～（～に位置している）** も覚えておきましょう。

⑤ **解答** in a minute
訳 あと1分でそこに着くよ。
つながって聞こえる「イナミニッ（ト）」を **in/ín/「イン」、a/ə/「ア」、minute/mínit/「ミニッ（ト）」** の3単語に分けます。音がはっきり聞こえない場合も、内容から補って聞き取りましょう。

---

**アドバイス**

<u>主要な前置詞の音を確認しておこう</u>

他の語彙と同様に、前置詞も正しい音を知らないと聞き取ることができません。今回登場していない前置詞の音もチェックしておきましょう。

- about /əbáut/「アバゥ（ト）」（およそ～）
- against /əgéinst/「アゲィンス（ト）」（～に反対して）
- around /əráund/「アラゥン（ド）」（～を回って）
- among /əmʌ́ŋ/「アマン」（～の間に）
- below /bilóu/「ビロゥ」（～の下に）
- from /frəm, frʌ́m/「フラム」（～から）
- for /fər, fɔ́ːr/「ファ、フォァ」（～のために）
- over /óuvər/「オゥヴァ」（～の上に）
- through /θrúː/「スルー」（～を通って）

**1** ①⑦ ②④ ③⑦ ④④ ⑤④ ⑥⑦ ⑦④ ⑧⑦
**2** ① worn ② seen・for ③ whether ④ past・right

---

**1**

① 解答 ⑦ /íts/「イッツ」
→ its(所有格)か it's(it is/has の短縮形)かの識別
訳 アメリカはスマホを落としてバッテリーを破損してしまった。
続く無冠詞の名詞から、its だと判断します。

② 解答 ④ /wʌ́n/「ウァン」
→ one(1つ)か won(win の過去・過去分詞形)かの識別
訳 ルーシーが試合で勝ったと聞きました。
heard/hə́:rd/「ハー(ド)」(hear の過去形)のあとなので、Lucy(S) won(V) のカタチで続くと考えられます。また、hear(〜を聞く)と here(ここに)も /híər/「ヒアァ」と発音される同音異義語です。

③ 解答 ⑦ /wéðər/「ウェザァ」
→ weather(天気)か whether(〜かどうか)かの識別
訳 明日のバンクーバーの天気はどうですか?
直前の the から、名詞 weather を選びます。なお、whether は /(h)wéðər/「フェザァ」のように /h/ の音が入る場合もあります。

④ 解答 ④ /pǽst/「ペァス(ト)」
→ past(過去の)か passed(pass の過去・過去分詞形)かの識別
訳 私たちが最後に会ってから3年が経った。
時間 have passed since 〜(〜して…経つ)のカタチから判断します。また、passed、past は 🇺🇸 では /pǽst/「ペァス(ト)」、🇬🇧 では /pá:st/「パース(ト)」と発音されます。

⑤ 解答 ④ /wéist/「ウェィス(ト)」
→ waste(〜を浪費する)か waist(腰)かの識別
訳 ソフィアの長い髪は腰のあたりまで来ていた。

⑥ 解答 ⑦ /prínsəplz/「プリンサプルズ」
→ principles(主義、principle の複数形)か principals(校長、principal の複数形)かの識別
訳 私はお金を借りない。なぜならそれは私の主義に反しているからだ。
直前の against my(私の〜に反している)から、principles だと判断します。

⑦ 解答 ④ /réd/「ゥレ(ド)」
→ red(赤い)か read(read の過去・過去分詞形)か

の識別
訳 僕その本読んだことがないんだ。面白いの?

⑧ 解答 ⑦ /féər/「フェァ」
→ fare(運賃)か fair(公平な)かの識別
訳 シカゴまでの片道運賃はいくらですか?
直前の the one-way(片道の)から、名詞 fare を入れて片道運賃とします。往復運賃 round-trip「ゥラウントリップ」fare も覚えておきましょう。

---

**2**

① 解答 worn /wɔ́:rn/「ウォーン」
→ worn(wear の過去・過去分詞形)か warn(〜に警告する)かの識別
訳 浴衣は夏の間に着られます。
直前の are から、are worn(受動態)と判断します。

② 解答 seen /sí:n/「シーン」→ seen(see の過去分詞)か scene(場面)かの識別・for /fər/「ファ」→ for か(発音によっては)four かの識別
訳 あなたと何年も会ってないような気がする!
2つ目の空所は for years(何年もの間)です。for は強く読み上げられる場合は /fɔ́:r/「フォア」となり、four と同じ発音になるので文法や内容をよく確認し判断しましょう。

③ 解答 whether /wéðər/「ウェザァ」
→ weather(天気)か whether(〜かどうか)かの識別
訳 ドアのカギをかけたかどうか覚えてないんだ。
直前の remember(〜を覚えている)と、後ろに I(S) locked(V) が続いていることから、名詞のカタマリを作る whether が続くと判断します。

④ 解答 past /pǽst/「ペァス(ト)」
→ past(〜を通りすぎて)か passed(pass の過去・過去分詞形)かの識別・right /ráit/「ゥラィ(ト)」
→ right(右側)か write(〜を書く)かの識別
訳 その建物を通り過ぎたら図書館はあなたの右側にありますよ。
1つ目の空所は意味を考え walk past 〜(〜を歩いて通り過ぎる)とし、2つ目の空所は your(所有格)の後ろの名詞として right を入れます。

**1** ①イ ②ア ③イ ④ア ⑤イ ⑥イ

**2** ① $40.19（forty nineteen） ② $18.15（eighteen dollars and fifteen cents） ③ 30（thirty）
④ 7:16（seven sixteen） ⑤ 10:45（ten forty-five）

---

**1**

① 解答 イ forty /fɔ́ːrt(d)i/「フォーディ［ティ］」

② 解答 ア fourteen /fɔːrtíːn/「フォーティーン」
①と②を聞き比べて、アクセントの位置やtの音の違いを確認してみてください。

③ 解答 イ eighty /éit(d)i/「エィディ［ティ］」

④ 解答 ア $17.90（seventeen dollars and ninety cents）
「セヴァンティーン」と**アクセントが後ろ（teenの部分）に置かれる**ことから、17と判断します。
**ninety/náint(d)i/「ナィディ［ティ］」もアクセントが前に置かれ/d/の音が聞こえる**ことを確認できたでしょうか。また、$（dollar(s)）は「ドル」ではなく、/dálər(z)/「ダラァ（ズ）」と聞こえます。cent(s)/sént(s)/「セント（センツ）」（100分の1ドル）の音もあわせて覚えておきましょう。

> **アドバイス**
>
> **金額の読み上げかた**
> 金額は以下のように読み上げられるのが一般的です。
>
> 例 $12.34
> • twelve dollars (and) thirty-four cents
> • twelve thirty-four
> 例 $1.80
> • a dollar eighty
> • one eighty
>
> なお、$12のようにドルだけの場合はtwelve dollars、¢50のようにセントだけの場合はfifty centsのように単位も読み上げられる傾向があります。また、アメリカではdollar(s)の代わりにbuck(s)も使われます。

⑤ 解答 イ $15.30（fifteen thirty）
fifteen/fiftíːn/ と thirty/θə́ːrt(d)i/ を聞き取りましょう。

⑥ 解答 イ 5:50（five fifty）
fiftyのtyは「ディ」ではなく「ティ」と聞こえることが多いです。

---

▶ **音のポイント**
-teenはアクセントが後ろ（teenの部分）に置かれ、-tyは前に置かれます。また、-teenは「ティーン」と聞こえ、-tyは「ディ」に近い音に聞こえます。

---

**2**

① 解答 $40.19（forty nineteen）
訳「これはいくらですか？」「$40.19です」

② 解答 $18.15（eighteen dollars and fifteen cents）
訳「ニューヨーク市までの運賃はいくらですか？」「$18.15です」

③ 解答 30（thirty）
訳「マットは何歳ですか？」「彼は30歳です」

④ 解答 7:16（seven sixteen）
訳「今何時ですか？」「7時16分です」
時間に関する重要表現もチェックしましょう。
➡ **40講**

⑤ 解答 10:45（ten forty-five）
訳「今何時ですか？」「10時45分です」
forty-fiveのような数は**1桁目の数が強く読まれる**ことも確認しましょう。なお、**Do you have the time?（今何時ですか？）** のフレーズも重要です。

演習 の問題 ➡ 本冊 P.93

**1** ① イ ② ア ③ イ ④ ア ⑤ イ

**2** ① 2005（two thousand（and）five） ② 1978（nineteen seventy-eight）

③ 195（a hundred（and）ninety-five） ④ 359（three hundred（and）fifty-nine）

⑤ 86,400（eighty-six thousand（and）four hundred）

⑥ 126,000,000（126 million / a hundred（and）twenty-six million）

**1**

① 解答 イ 250（two hundred（and）fifty）
hundred /hʌ́ndrəd/ と and はつながり、「ハンドゥラッダン」のように聞こえます。

② 解答 ア 703（seven hundred（and）three）

③ 解答 イ 1930（nineteen thirty）
2桁ずつの読み上げです。アクセントの位置とtの音に気をつけ、nineteen /naintíːn/ と thirty /θə́ːrt(d)i/ を聞き取りましょう。

④ 解答 ア 10,000（ten thousand）
100,000は one（a）hundred thousand「ワン（ア）ハンドラ（ド）サゥザン（ド）」となります。

⑤ 解答 イ 3,150,000（three million one hundred（and）fifty thousand）
millionの正しい発音を覚えておきましょう。メモを取るときには、3 m と書いておき、あとからmをゼロ6つと書き換える方法がおススメです。なお、電話番号は数字がたくさん並んでいますが、1桁ずつ読み上げられます。

**アドバイス**

電話番号の読み上げかた

電話番号は1桁ずつ読み上げられます。

例 71-3055

• seven one　three oh double five
• seven one　three zero five five

「0」はzeroと読み上げられることもありますが、oh「オゥ」が一般的です。また、「55」のように同じ数字が2つ続く場合は、five five と同じ数を2度言う場合と、double five のように double を用いる場合があります。

▶ 音のポイント
アクセントの位置・発音に慣れることが重要です。大きい数字はニガテに感じる人が多いので、積極的に書き取る練習をしましょう。

**2**

① 解答 2005（two thousand（and）five）
訳 私は2005年生まれです。
born in もつながり「ボーニン」のように聞こえます。

② 解答 1978（nineteen seventy-eight）
訳 私の父は1978年生まれです。
**1900年代の年号はリスニングで登場することも多いので、読み上げに慣れておきましょう。**

③ 解答 195（a hundred（and）ninety-five）
訳 世界には195の国があると言われている。

④ 解答 359（three hundred（and）fifty-nine）
訳 私たちの10回目の同窓会には359人がいた。

⑤ 解答 86,400（eighty-six thousand（and）four hundred）
訳 1日は86,400秒だ。

⑥ 解答 126,000,000（126 million / a hundred（and）twenty-six million）
訳 日本の人口は約1億2600万人だ。
**大きな数字はメモを取ることをおススメします。その場合、数字部分を聞き取ることに集中し、thousand は kilo の k、million は m、billion は b のように書き留めておき、あとから k→ゼロ3つ、m→ゼロ6つ、b→ゼロ9つと置き換えるとやりやすいですよ。**

**アドバイス**

twenty は「トゥエニィ」?

twenty /twénti/ は「トゥエンティ」ではなく、「トゥエニィ」のように聞こえることがよくあります。これは、/t/ が /n/ と /ə/・/i/ にはさまれたときに /t/ が脱落することによっておきます。これもアメリカ英語で起きやすい音の変化です。

例 twenty /twénti/ →/twéni/「トゥエニィ」
wanted /wɑ́ntid/ →/wɑ́nid/「ゥアニッ（ド）」

**1** ① ⑦ ② ⑦ ③ ⑦ ④ ⑦

**2** ① 30.48（thirty point four eight） ② 2.54（two point five four） ③ two-thirds（2/3）

④ Three-fourths（3/4）・750,000（seven hundred（and）fifty thousand） ⑤ a sixth（1/6）

⑥ 7.9 billion（7,900,000,000 / seven point nine billion）

---

**1**

① **解答** ⑦ $\frac{3}{5}$（three-fifths）

> **アドバイス**
>
> fourths, fifths... の -ths ってどんな音？
>
> fifths... などのsのついた序数の発音には、/fifθs/ のように /θ/ と /s/ が含まれます。/θ/ で歯の間に舌を軽くはさんだ後で、/s/ で歯の後ろに舌を移動させる…と舌の動きが慌ただしいため、/θs/ が続いた場合はどちらか片方のみの音しか聞こえてこないことがよくあります。これは序数に限らず、months などでも同様です。聞き取りづらい場合は、やはり周囲のカタチや内容で補って聞きましょうね。

② **解答** ⑦ $\frac{1}{4}$（a quarter）

**a quarter**/kwɔ́:rtər/「ア クゥォーラ」は時間の描写にもグラフの描写にもよく用いられるフレーズですので、しっかり音と意味を結び付けて置きましょう。なお、**half**(2分の1)は🇺🇸では /hǽf/「ヘァフ」、🇬🇧では /hɑ́:f/「ハーフ」と発音されます。

▶ **音のポイント**
分数は数字(分子)・序数(分母)の順で読み上げられます。a quarter(4分の1)やa half(2分の1)の音・意味も覚えておきましょう。

③ **解答** ⑦ 15.3（fifteen point three）

④ **解答** ⑦ 0.82（zero point eight two）
冒頭はzero/zíərou/ですが、「ゼロ」と思っていると聞き取ることができませんので、正しい音を覚えておきましょう。また「ポイント」(小数点)以降は数字が1つずつ読み上げられますが、eight two と /t/ が重複していることから、「エィットゥ」のように聞こえることにも注意です。

▶ **音のポイント**
小数は、小数点 point「ポイン(ト)」以下は一つ

---

ずつ数字が読み上げられます。

**2**

① **解答** 30.48（thirty point four eight）
**訳** 1フィートは30.48 cmに相当する。
**(～と等しい)を意味する be equal to ～** のequal も「イコール」ではなく /íːkwəl/「イークァゥ[ル]」という正しい音を覚えておきましょう。

② **解答** 2.54（two point five four）
**訳** 1インチは2.54 cmに相当する。

③ **解答** two-thirds（2/3）
**訳** スティーヴはそのりんごの3分の2を食べた。

④ **解答** Three-fourths（3/4）・750,000（seven hundred（and）fifty thousand）
**訳** 100万の4分の3は750,000です。
発音ではfourthsの /θ/ と /s/ はどちらか1つの音しか聞こえてこないことが多いですが、書くときにはfourthsとsをつけることを忘れないようにしましょう。

⑤ **解答** a sixth（1/6）
**訳** サラは昨日ケーキを焼き、今はそのケーキの6分の1が残っている。
six/síks/、sixth/síksθ/、sixths/síksθs/ はスペル・発音・役割が異なりますが、すべて「シックス」と非常に似て聞こえることが多いため、内容や文法的側面から補って聞き取りましょう。

⑥ **解答** 7.9 billion（7,900,000,000 / seven point nine billion）
**訳** 世界の人口は約79億人である。

**1** ① イ ② ア ③ イ ④ ア

**2** ① half an hour ② quarter to five（4：45） ③ at around eight
④ quarter past eight（8：15） ⑤ eleven twenty（11：20） ⑥ at midnight

---

**1**

① **解答** イ 8：15（(a) quarter past eight）
（a）**quarter は15分**なので、8時を15分過ぎた時刻、つまり8：15です。（a）quarter は時刻やグラフの描写によく用いられますので、音と意味を覚えておきましょう。また、past は🇺🇸では「ペァス（ト）」、🇬🇧では「パース（ト）」と発音されます。

② **解答** ア 9：50（ten to ten）
**to は（〜まで）**という意味で用いられているので、10時まで10分の時刻、つまり9：50です。

③ **解答** イ 5：30（half past five）
**half は30分**なので、5時を30分過ぎた時刻、つまり5：30です。

④ **解答** ア 5：45（(a) quarter to six）
6時まで15分の時刻、つまり5：45です。

- - - - - - - - - -

▶ 音のポイント
（a）quarter、half、past、to などの時間描写によく用いられる語の音と意味を覚えておきましょう。

- - - - - - - - - -

**2**

① **解答** half an hour
訳 ここから駅まで車で30分かかりますよ。
hour/áuər/「アゥアー」は母音で始まるので、冠詞は a ではなく an となります。さらに an hour はつながって「アナワー」と読み上げられますので音を覚えておきましょう。

② **解答** quarter to five（4：45）
訳 4時45分に会おう。
5時まで15分の時刻、つまり4時45分です。また、meet up も「ミーラッ（プ）/ ミータッ（プ）」とつなげて読まれるので聞き取りに注意しましょう。

③ **解答** at around eight
訳 父はたいてい朝8時頃に家を出る。
at around eight は at と around/əráund/「アラゥン（ド）」がつながり、また around と eight もつながって聞こえます。また、around 〜（〜時頃）、in the morning（午前中）も覚えておきましょう。

---

アドバイス

**午前・午後を表す言い回しは前置詞がポイント**

午前・午後の言い回しは前置詞もセットで覚えておき、聞き取りづらくても補えるように知識を持っておきましょう。基本的に **at は具体的な時刻**、**in は幅がある**ときに使われるイメージです。

0時（24時） **at** midnight
5時〜12時まで **in** the morning
12時 **at** noon
12時〜17時（日没まで） **in** the afternoon
17時〜21時 **in** the evening
21時〜5時 **at** night × in the night
さらに細かく分けることもできますが、まずは基本的な言いかたを覚えておきましょう。

④ **解答** quarter past eight（8：15）
訳 朝の授業は8時15分に始まります。
8時を15分過ぎた時刻、つまり8：15です。

⑤ **解答** eleven twenty（11：20）
訳 電車は11時20分ぴったりに出発します。
twenty は特にアメリカ英語で「トゥエニィ」のように /t/ の音が脱落して聞こえることにも注意です。また、sharp/ʃáːrp/「シャー（プ）」は（〜ぴったり、ちょうど）の意味で時刻と一緒に用いられることも多いですので覚えておきましょう。

⑥ **解答** at midnight /mídnait/（深夜12時）
訳 アビは深夜12時に私に電話してきた。

**1** ① 準備　② 聞き取り　③ 同じところ　④ 違うところ　⑤ 言い換え
**2** ［聞き取りのポイント］話者（the speaker）が授業に間に合ったかどうか［話者が授業のどのタイミングで到着したか］　［英文］entered・had already started　①エ

**1**

① 解答 準備
リスニング問題では、音声が流れてくる前に選択肢やイラストなどの提示されている情報を先に読み、準備しておくことが大切です。

② 解答 聞き取り
①のように準備をすることで、どのような情報を求めて聞き取るべきなのか、聞き取りのポイントを予想することができます。

③ 解答 同じところ

④ 解答 違うところ
選択肢が提示されている場合は、まず同じところを探しましょう。これは、**文章として選択肢が提示されている場合もイラストや表などで選択肢が提示されている場合も同様です**。同じところを見つけると、**問題の大まかな内容や方向性が見えてきます**。その同じところを踏まえて、詳細をチェックし、違うところを探すようにしましょう。この違うところが聞き取りのポイントとなることが多いです。

⑤ 解答 言い換え
聞き取りのポイントを発見して英文を聞いていても、**選択肢は音声と全く同じような英文ということは少なく、多くの場合、言い換えられること**になります。音だけを聞くのではなく内容を聞き取ることを目指しましょう。

**2**

［聞き取りのポイント］
解答 話者（the speaker）が授業に間に合ったかどうか　または、話者が授業のどのタイミングで到着したか　など
選択肢を確認すると、すべて主語がthe speaker（話者）で、the class（授業）が含まれていることがわかります。つまり、大まかな内容としては『話者と授業に関すること』であることがわかります。⑦では **arrived before the class**（授業の前に到着した）、⑦では **didn't show up for the class**（授業に現れなかった）、⑦では **was just in time for the class**（授業にギリギリ間に合った）、⑦では **was late for the class**（授業に遅刻した）と書かれていることか

ら、違うところは**授業に到着したタイミング**です。つまり、ここが聞き取りのポイントだと予想できます。

［英文］
解答 entered /éntərd/「エンタァ（ド）」・had already started

① 解答 エ
had done の had は聞き取りづらいですが、この文では母音で始まる already が続いているため、比較的 had の音が聞き取りやすくなっています。この部分から過去完了だと判断しましょう。過去完了部分をしっかり聞き取ることができると、教室に入ったときにはすでに授業が始まっていたことがわかり、エの（話者は遅刻していた）を選ぶことができます。⑦の show up for ～（～に現れる）や⑦の be in time for ～（～に間に合って）も重要です。

---

**アドバイス**

日常的にできるリスニングの準備

この講では問題を解く準備について扱ってきました。これは問題を解く際にやるべきことをまとめたものですが、その**もっと前からすべきリスニング問題の重要な準備**があります。それは、**単語を覚える際に正しい音・アクセントも覚える**ということです。スペルを覚えるためにどうしてもローマ字読みをしたりしがちですが、そのままでは読み上げられたときにその単語を認識することはできません。**単語を覚えるときには必ず正しい音を聞き、実際に発音しながら覚える**ようにしましょう。

**1** ① across from ② next to ③ between ④ opposite ⑤ on the right of

A dry cleaner　B bookstore　C gas station　D shoe store　E cafe

---

**1**

① **解答** across from

訳 本屋はスーパーマーケットの向かい側にある。

**across from ~（~の向かい側に、正面に）**を聞き取ると、スーパーマーケットの向かい側にあるBかEがbookstore（本屋）だとわかります。

② **解答** next to

訳 靴屋は花屋の隣にある。

**next to（~の隣に）**はnextとtoの/t/が重複しているので、「ネクストゥ」のように**1度しか/t/の音は聞こえてこない**ことに注意しましょう →20講。また、florist/flɔ́:rist/「フローリス（ト）」は花屋のことです。なお、この1文から、shoe store（靴屋）は**D**であることがわかります。

---

**アドバイス**

**複合語はどうやって聞き取れるの?**

2単語が結びついて出来上がった**複合語**は、名詞として使われる場合、基本的に**1単語目**が強く読まれます。つまり、どのように読み上げられるかで、1つの複合語として扱われているのか、2単語として扱われているのがわかるということです。場合によっては以下のように意味が変わってしまうこともあるため、注意が必要です。

• 複合語:greenhouse（温室）

• 2単語:green house（緑色の家）

また、複合語になる場合はshoes storeではなくshoe storeのように**単数のカタチ**同士でつながれます。

---

③ **解答** between /bitwí:n/「ビトゥイーン」

訳 郵便局は本屋とクリーニング屋の間にある。

**between A and B(AとBの間)**のカタチで場所の描写に使われます。なお、この1文からA・Bがbookstore（本屋）かdry cleaner（クリーニング屋）であることがわかりますが、①とあわせて**B**がbookstore、**A**がdry cleanerであることがわかります。

④ **解答** opposite /ápəzit/「アパジ（ト）」

訳 カフェは薬局の向かい側にある。

**opposite**のように(~の反対側、向かい側に)を表すフレーズとして、**across/əkrɔ́(:)s/ from ~**は重要です。なお、この1文からcafe(カフェ)はBかEであることがわかりますが、Bはbookstoreですので、**E**が**cafe**となります。

⑤ **解答** on the right of

訳 ガソリンスタンドはスーパーマーケットの右側にある。

rightとofはつながって「ゥラィドヴ」のように聞こえます。また、道案内などでもよく耳にする **on your right**「オニュァゥラィ（ト）」**(あなたの右側に)**のフレーズも覚えておきましょう。なお、この1文から、**C**はgas /gǽs/ station「ゲァスティシャン」(ガソリンスタンド)であることがわかります。

**1** ① the most often selected　② About half　③ a quarter of　④ the third most
⑤ slightly larger than　⑥ exactly four times　A ⑦　B ④　C ⑭　D ⑦

---

**1**

訳 100人の高校生がどこでニュースを入手するか聞かれた。彼らは5つの選択肢のうちから1つ選ぶように言われた。その選択肢はウェブサイト、ソーシャルメディア、テレビ、友達、その他であった。

① **解答** the most often selected

訳 「テレビ」は最もよく選ばれている選択肢だった。最上級を表す **most**/móust/「モゥス（ト）」を聞き逃さないように注意です。このようなアンケートが関係する問題では、**selected**/səléktəd/「サレクテ（ド）」（選ばれた）、**chosen**/tʃóuzn/「チョゥズン」（選ばれた）や **choice**/tʃɔis/「チョィス」（選択肢）などもよく用いられますので、音と意味を覚えておきましょう。なお、この1文から、**A** が ⑦ だとわかります。

② **解答** About half

訳 その生徒達の約50%がテレビを通じてニュースを入手した。

**half** は50%を表す際によく用いられます。また、**about**（約〜）はパーセンテージのような数値の描写でとてもよく用いられる語ですので、音と意味を覚えておきましょう。

**アドバイス**

**円グラフなどを描写する際によく用いられる副詞**

円グラフや表などの数値を説明したり、比較する際によく用いられる副詞の音や意味を確認しておきましょう。

- about /əbáut/「ァバゥ（ト）」（約）
- roughly /rʌ́fli/「ゥラフリ」（約）
- almost /ɔ́lmoust/「オールモゥス（ト）」（大体）
  ※ almost 40% は40%には達していないが、それに近い数値であることを表します。
- around /əráund/「ァラゥン（ド）」（約）
- exactly /igzǽk(t)li/「ィグゼァク（ト）リ」（ちょうど）
- precisely /prisáisli/「プリサィスリ」（ちょうど）
- slightly /sláitli/「スラィ（ト）リ」（わずかに）

③ **解答** a quarter of

訳 「ソーシャルメディア」がすべての投票のうち約25%を獲得した。

**a quarter** は25%を表す際によく用いられます。**a quarter** はグラフの描写だけではなく、時刻（15分）でも用いられ、リスニングでよく登場する語の1つですので、「アクウォーラ」の音に慣れておきましょう。なお、この1文から**B** が ④ の Social media sites であることがわかります。social media が選択肢では Social media sites と **言い換えられている**ことにも注意です。

④ **解答** the third most

訳 「ウェブサイト」は3番目に最も人気の選択肢だった。

**third**/θə́ːrd/「サーァ（ド）」（3番目の）に注意して聞き取ります。**the ＋序数＋最上級**（〜番目に最も…）もグラフの描写でよく用いられるフレーズですので、覚えておきましょう。なおこの1文から、**C** は ⑭ の Web pages であることがわかります。websites が選択肢では Web pages と **言い換えられている**ことにも注意です。

⑤ **解答** slightly larger than

訳 「ウェブサイト」を選んだ人々の数は友達からニュースを手に入れている人よりもわずかに多かった。

ポイントは slightly の **音・意味がしっかり覚えられている**かどうかです。この1文から、websites（Web pages）にあたる **C** の10%と比べて6%とわずかに少ない **D** が ⑦ の Friends であることがわかります。

⑥ **解答** exactly four times

訳 ソーシャルメディアでニュースを入手する人々の数は「友達」を選んだ人の数のちょうど4倍だった。

「フォータィムズ」は空所の直後に **as many as** が続いていることをヒントに、**four times**（4倍）としやすかったのではないでしょうか。なお、Friends にあたる **D** は6%、social media（Social media sites）にあたる **B** は24%になっているので、ちょうど4倍と言えます。

**1** ① The largest age・their thirties　② slightly higher than　③ third and fourth・eighteen（18）
④ the least likely　［最も適したグラフ］イ

---

**1**

① **解答** The largest age・their thirties

**訳** このソーシャルメディアを使用する最も多い年齢層は30代の人々で、おおよそ40％のシェアである。

最上級を表す largest/lάrdʒəst/「ラージェス（ト）」（最も多くの）を聞き逃さないように注意です。どのようなグラフ・表であっても、最大値について言及される可能性が高いことを覚えておきましょう。また、このグラフは年齢層に関するものだと**準備の時点で確認**しましたが、（〇代）を表す in one's -ties など、英語にした場合のフレーズなどを考えておくと聞き取りやすくなります。なお、この1文から、**30代の使用者が最も多く、その数値が約40％である**⑦か①が答えになりそうだとわかります。

② **解答** slightly higher than

**訳** 30代の使用者の数は20代の使用者の数よりわずかに多い。

表やグラフの描写では比較級・最上級がよく用いられます。また、最後の **in their twenties（20代）**も聞き逃さないように注意しましょう。なお、この1文から、**20代と30代の使用者の差がわずかである**①が適切なグラフであることがわかります。⑤は①の条件に当てはまらないので適切とは言えません。

---

**アドバイス**

**グラフの描写で用いられるフレーズ**

棒グラフや折れ線グラフで用いられるようなフレーズの音や意味を確認して、聞き取りに活かしていきましょう。

• reach a [one's] peak「ウリーチァピー（ク）」（最大に達する）

**例** The value of gold **reached its peak** last month.
　金の価値は先月最大に達した。

• a rise [increase] in 〜「ァウリィズィン〜」（〜が上がった）

**例** There was **a rise in** the value of gold this month.
　今月金の価値が上がった。

---

※ rise やあとで示す drop などの前に sharp/ʃάrp/「シャー（プ）」、sudden/sΛdən/「サドゥン」、rapid/rǽpid/「ゥレァピ（ド）」などを置いて（急上昇、急降下）を表すことができます。

• a drop [decline, decrease] in 〜「ァドゥラップィン〜」（〜が下がった）

**例** There has been **a gradual drop in** the value of gold.
　金の価値が徐々に下がってきている。

※ rise や drop などの前に gradual/grǽdʒuəl/「グレァジュアゥ［ル］」を置いて（徐々に上昇・減少していること）を表すことができます。

• by ＋数値（〜だけ）

**例** Our sales dropped **by** 15% between 1998 and 1999.
　私たちの売り上げは1998年と1999年の間で15％下がった。

---

③ **解答** third and fourth・eighteen（18）

**訳** 3番目と4番目に最も多い使用者層は40代と50第の人々で、それぞれ20％と18％だった。

空所の前後の**カタチをヒント**に、**the ＋序数＋最上級（〜番目に最も…）**を予想できたでしょうか。また、**respectively/rispéktivli/「ゥリスペクティヴリ」（それぞれ）**も重要ですので、覚えておきましょう。なおこの1文は、先ほど選んだ①のグラフの正しい描写になっていることがわかります。

④ **解答** the least likely

**訳** 10〜19歳の年齢層がこのソーシャルメディアを一番使わない傾向がある。

この **the least 〜は（最も〜ない、最も少ない〜）**という最小値などを描写するときによく用いられる**表現**です。likely/láikli/（ありそうな、〜しそうな）にも注意です。この1文も①のグラフを正しく描写していることが確認できます。

**1** [会話文] east exit・opposite　[問題文] Where　[最も適切なもの] ⓘ

**2** ① Where・man waiting　② How long・station　③ Who・help him　④ What time・open

**1**

[会話文]

**解答** east exit・opposite

**訳**

女性：あなたの姿が見えないわ。あなたがいる場所から何が見える？

男性：えっと、公立図書館とコンビニがあるよ。

女性：あぁ、わかった。あなたは東口にいるのね。反対の口に来るように言ったのよ。

[問題文]

**解答** Where

会話文に関する問題文は、多くの場合がWh-疑問文ですので、冒頭の疑問詞を聞き逃さないように集中して聞きましょう。今回は**Where/(h)wéər/「(フ)ウェア」**ですので、**予想した通り場所をたずねている**ことがわかります。また、もう1つの注意すべき語は**主語**の the woman です。**男性が今いる場所ではなく、女性が今いる場所を答えること**が求められています。このように問題文の聞き取りでは、特に内容語に注意しましょう。

[最も適切なもの]

**解答** ⓘ

女性の2度目の発話からYou（男性）は the east exit /égzit/「イーストェグジッ(ト)」（東口）にいることがわかります。ただし、I（女性）は**the opposite exit**（反対の口）つまり西口に来るようにと伝えたということから、女性は西口にいることが予想されます。よって、正解は**ⓘ**です。**the opposite 〜 や the other 〜（もう1つの〜）は、会話文で使われて解答の根拠になることが多いフレーズ**ですので、覚えておきましょう。

① **解答** Where・man waiting

**訳** 男性はどこで待っていますか？

会話文で重要な疑問詞の聞き取り練習です。最後の「ウェィティン」はbe動詞が使われていることと内容から補い、**waiting/wéitiŋ/** としましょう。

② **解答** How long・station

**訳** 駅に着くまでどのくらいかかりますか？

冒頭の **How long は時間の長さをたずねるフレーズ**です。2つ目の空所の前に**the**があることから、**空所には名詞が入ることが予想できます**。

③ **解答** Who・help him

**訳** 誰が彼を手伝いに来ましたか？

**help が聞き取れれば、help の後ろには通常人が続くという知識を使って後ろの空所には人が入ると予想できます**。また、him の /h/ が取れて「イム」のように聞こえます。→22講

④ **解答** What time・open

**訳** その店は通常何時に開店しますか？

冒頭の **時間をたずねるフレーズ What time** は、what と time の /t/ が重複しているため、「ワッタィム」のように /t/ が1度しか聞こえなくなります。最後の「オゥパン」は open/óupən/（開店する）となります。カタカナでよく書かれるように「オープン」とのばさないことに注意です。

**アドバイス**

日常的なディクテーションのすすめ

すべてのレッスンを通じて、ディクテーションに取り組んできました。ディクテーションは**つながって聞こえる英語のカタマリを理解するために分解したり、意味などの単語の知識とその正しい音を結びつけたりする**ためにとても有効な手段です。リスニングの基礎力をつけるうえで欠かせないトレーニングですので、この先もぜひ**1日5分または1日1文のディクテーション**を続けてみてください。これまでに登場した英文をノートに1文すべて書き取ったり、単語帳の例文を使って練習をすると、さらにパワーアップできますよ。

高山の
ここからはじめる
英語リスニングドリル

# 修了判定模試
# 解答と解説

---

**1** (1)ア (2)イ (3)ア (4)イ (5)イ

**2** (1)イ (2)イ (3)ア (4)ア (5)ア

**3** 問1 (1)イ (2)ア (3)イ (4)ア (5)ア

問2 (1) What are you (2) a nap

(3) wanted to (4) this Saturday

(5) go out (6) take care of

(7) got it (8) want you

(9) We can eat (10) buy him

**4** 問1 (1) is studying (2) has left

(3) should have asked

(4) would have enjoyed (5) He's gone

(6) aren't allowed

問2 (1)ア (2)イ (3)イ (4)ア

**5** 問1 (1)70 (2)1985 (3)215

(4)1/3 (5)10:15

問2 (1) between (2) next

(3) opposite A ウ B ア C イ

問3 (1)イ (2)ア    問4 A ア B ウ

---

**1**

(1) 正解 ア best /bést/「ベス(ト)」

(→02講)(2点)

訳 私は試合に勝つために全力を尽くした。

破裂を感じる /b/ の音を聞き取ります。**do one's best(全力を尽くす)**も覚えておきましょう。また、vest は「ヴェスト」(チョッキ、ベスト)です。

(2) 正解 ア fall /fɔ́(ː)l/「フォゥ[ル]/フォーゥ[ル]」

(→03講)(2点)

訳 授業中に寝てはいけません。

摩擦を感じる /f/ の音を聞き取ります。fall は 🇬🇧 では「フォーゥ[ル]」のように「おー」の音がはっきり聞こえます。また、**fall asleep(寝入る)**も覚えておきましょう。

(3) 正解 ア grass /grǽs/「グルァス」

(→04講)(2点)

訳 隣の芝生は青い。

/r/ は「ぅ」の響きを含み、ややこもって聞こえるのに対し、/l/ はもっとはっきり聞こえます。なお、🇬🇧 では /grɑ́ːs/「グラーㇲ」のように聞こえます。

(4) 正解 イ thicker /θíkər/「シカ(ー)」

(→05講)(2点)

訳 霧がより深くなってきていた。

スーと息が漏れているような /θ/ の音を聞き取ります。sick の /s/ は鋭い印象の音です。

(5) 正解 イ sum /sʌ́m/「サム」

(→07講)(2点)

訳 4と15の合計は何ですか。

ハミングのような /m/ の音を聞き取ります。また、sun(太陽)では意味が通らないことも考慮しましょう。

---

**2**

(1) 正解 イ hat /hǽt/「ヘァ(ト)」

(→10講)(2点)

訳 帽子を被った女の子が私の妹です。

「え」と「あ」の中間のような /æ/ の音を聞き取ります。hut の /ʌ/ はより日本語の「あ」に近い音に感じられます。

(2) 正解 イ ran /rǽn/「ゥレァン」

(→10講、→11講)(2点)

訳 私は昨夜駅でリチャードに偶然会った。

/æ/ の音だけでなく、last night も選ぶ上で重要な情報です。また、**run into ～(～に出くわす)**も覚えておきましょう。

(3) 正解 ア hurt /hə́ː(r)t/「ハー(ト)」

(→12講)(2点)

訳 本当にごめんなさい。君のことを傷つけるつもりはなかったんだ。

/ə:(r)/ のこもった「あー」のように聞こえる音を聞き取ります。heart の /ɑːr/ は、はっきりきこえる「あー」の音です。また、**mean to do(～するつもりだ)**も覚えておきましょう。

(4) 正解 ア steal /stíːl/「スティーゥ[ル]」

(→13講)(2点)

訳 その男は車を盗もうとしていたため、逮捕され

47

た。

「いー」のようにはっきり（長く）聞こえる /iː/ の音を聞き取ります。still の /i/ は「い」と「え」の中間の音です。

(5) 正解 ㋐ coat /kóut/「コゥ（ト）」
（→15講）（2点）
訳 私は前回ここに来たときにレザーコートを買った。
「おぅ」のように聞こえる /ou/ の音を聞き取ります。bought や caught は /ɔː/ とのばす「おー」の音が含まれます。

3

問1

(1) 正解 ㋑ ho·tel /houtél/「ホゥテゥ[ル]」
（→16講）（2点）
hotel は「おぅ」という母音にも注意しましょう。

(2) 正解 ㋐ en·er·gy /énərdʒi/「エナヂィ」
（→25講）（2点）
energy は日本語だとエネルギーとなります。発音とアクセントに注意しましょう。

(3) 正解 ㋑ per·cent·age /pərséntidʒ/「パーセンティッジ」（→25講）（2点）
「パーセンテージ」ではなく、「パーセンティッジ」と /i/ の音が含まれることに注意しましょう。

(4) 正解 ㋐ man·ag·er /mǽnidʒə(r)/「メァニヂャ（ー）」（→25講）（2点）
「え」と「あ」の中間のような /æ/ の音が含まれるため、「マネージャー」ではなく「メァニヂャ（ー）」と発音されます。

(5) 正解 ㋐ con·cen·trate /kánsntreit/「カンスントレィ（ト）」（→16講）（2点）
アクセントの位置を間違えやすいので注意しましょう。

問2

(1) 正解 What are you （→24講）（2点）
What are の /t/ は「ワッラーユ（ー）」のように、ら行に近い音に聞こえます。これは🇺🇸特有のフラッピングという現象です。

(2) 正解 a nap （→21講）（2点）
nap /nǽp/「ネァ（プ）」の /p/ は聞こえにくいこともあります。take a nap（昼寝をする）を覚えておき、知識を使って音を補って聞きましょう。

(3) 正解 wanted to （→20講）（2点）
wanted の /d/ と to の /t/ は発音方法が似ている音なので、/d/ の音が聞こえず「ゥオンティトゥ[タ]」のように聞こえます。

(4) 正解 this Saturday （→20講、→24講）
（2点）
this Saturday は /s/ が重複しているので、1度しか

聞こえてこず、「ディサラディ / ディサタディ」と聞こえます。Saturday は特に🇺🇸で「サラディ」のように聞こえます。→24講

(5) 正解 go out （→19講）（2点）
go out は母音同士がつながって「ゴゥワゥ（ト）」のように聞こえます。

(6) 正解 take care of （→19講、→20講）
（2点）
take care は /k/ の音が重複しているので、1度しか聞こえてこず、「ティケア」と聞こえます→20講。また、子音で終わる care/kéər/ と母音で始まる of /əv/ がつながるため「ティケアロヴ」のように聞こえます。→19講

(7) 正解 got it （→19講、→21講、→24講）
（2点）
got it はつながり（→19講）、🇬🇧では「ゴッティ（ト）」、🇺🇸では /t/ の音が変化し（→24講）「ガリッ（ト）」のように聞こえます。いずれの発音でも、it の /t/ ははっきり聞こえてきません→21講。なお、I got it.（わかったよ）も音と意味を覚えておきましょう。

(8) 正解 want you （→23講）（2点）
want you は want の /t/ と you の /j/ が混ざって「ゥアンチュ（ー）」のように聞こえます。

(9) 正解 We can eat （→18講）（2点）
can は肯定文では「カン」のように弱く読み上げられます。

(10) 正解 buy him （→22講）（2点）
him の /h/ ははっきり聞こえず、「イム」のように聞こえます。
訳 ヘンリー：やぁ、僕だよ、ヘンリーだよ。今何してる？
アシュリー：お昼寝してたところ。どうしたの？
ヘ：今週の土曜日何か予定があるか聞きたかったんだ。もしないなら、一緒に出掛けない？
ア：夜は弟の面倒を見なきゃいけないから、4時までなら空いてるわ。
ヘ：わかった。11時くらいに迎えに来てもいい？
ア：もし大丈夫なら、12時頃に来てもらいたいわ。
ヘ：もちろん。お昼ご飯を食べてモールに行こう。
ア：楽しそう。弟の誕生日が近いから、彼にプレゼントを買わないと。
ヘ：いいね。じゃあ土曜日に。

4

問1

(1) 正解 is studying （→28講）（2点）
訳 マーサは今数学を勉強しています。
「スタディン」と聞こえますが、後ろに続く math や at the moment（今）から、study in ではなく現在進行形にします。

(2) 正解 **has left**（→29講）（2点）

訳 ジェイムズは退社したと思います。

**has は聞き取りづらい**ですが、空所の後ろに the building と**名詞が続いていることもヒント**に、is left の受動態ではなく has left の**現在完了**にします。

(3) 正解 **should have asked**（→30講）（2点）

訳 あなたは最初に私に聞くべきだったのに。

**弱く短い「ァヴ」の音**と、asked/ǽskt/「ェアスク（ト）」の音から、should have done のカタチだとわかります。なお、🇬🇧では ask は「アース（ク）」のように聞こえます。

(4) 正解 **would have enjoyed**（→31講）（2点）

訳 君が来たらもっとパーティーを楽しめたのに。

**弱く短い「ァヴ」の音**と、enjoyed/endʒɔ́id/「エンヂョイ（ド）/インヂョイ（ド）」の音から**助動詞＋have done** だと聞き取りましょう。加えて、if you had come のカタチから仮定法過去完了だとわかると、**聞き取りづらい部分も補って理解することができます**。

(5) 正解 **He's gone**（→32講）（2点）

訳 彼はヨーロッパに休暇に出かけています。

「ヒーズ」と母音がはっきり（長く）聞こえてくるので、His ではなく He's とします。He's gone は he has gone の短縮形です。**go on a vacation（休暇に出かける）**と Europe/júərəp/「ユァラッ（プ）」（ヨーロッパ）の音も覚えておきましょう。

(6) 正解 **aren't allowed**（→18講、→36講）（2点）

訳 ここでは写真を撮ってはいけません。

「ァラウ（ド）」は allowed または aloud のどちらかになりますが、**後ろに to take が続いていることから**、be allowed to do（〜することが許されている）と判断しましょう。**同じ発音の単語（同音異義語）は、文法知識や内容から補って判断すること**が重要です →36講。また、are と aren't の区別は**母音がはっきり聞こえるか否か**をヒントに聞き取りましょう。 →18講

### 問2

(1) 正解 ⑦（→26講）（2点）

スクリプト There is an apple on the plate.

訳 お皿の上にリンゴが1つあります。

(2) 正解 ⑦（→33講）（2点）

スクリプト The woman is having the wall painted.

訳 女性は壁を塗ってもらっているところだ。

**have O done（Oを〜してもらう）**を聞き取りましょう。

(3) 正解 ⑦（→34講）（2点）

スクリプト The girl is almost as tall as her brother.

訳 その女の子はお兄ちゃんと**ほとんど同じくらいの身長**です。

(4) 正解 ⑦（→35講）（2点）

スクリプト Your pen is under the desk, not on it.

訳 君のペンはデスクの**下**にあるよ、上じゃなくて。

前置詞は基本的には弱く読まれますが、今回のように**重要な情報を含む場合は強く読まれます**。

## 5

### 問1

(1) 正解 **70**（→37講）（2点）

訳 A：これはおいくらですか。 B：70ドルです。

seventy/sév(ə)nti/ と前が**強く読まれている**ことを聞き取り、70 と答えましょう。また、-ty の /t/ は「ディ」のように聞こえます。なお、seventeen/sev(ə)ntíːn/ は後ろが強く読まれます。

(2) 正解 **1985**（→38講）（2点）

訳 A：何年生まれですか。 B：1985年です。

西暦は2桁ずつ読み上げられます。nineteen eighty-five と聞こえるので、1985 と答えましょう。

(3) 正解 **215**（→38講）（2点）

訳 A：ホールには何人いましたか。 B：215人です。

two hundred（and）fifteen の fifteen を**アクセントの位置に注意して**聞き取り、215 と答えましょう。

(4) 正解 **1/3**（→39講）（2点）

訳 A：時が経つのって速いと思わない？ B：本当だね。1年の3分の1がもう過ぎたなんて信じられないよ。

**分数は a third のように分子（a または数字）、分母（序数）の順に読まれます**。これを聞き、1/3 と答えましょう。

(5) 正解 **10:15**（→40講）（2点）

訳 A：今何時ですか。 B：10時15分です。

**(a) quarter past ten は（10時を15分過ぎた）**を意味しますので、10:15 が答えです。

### 問2

(1) 正解 **between**（→42講）（2点）

訳 本屋は靴屋とスーパーの間にある。

**between A and B（A と B の間に）**を聞き取りましょう。この文からAが⑦ Bookstore だとわかります。

(2) 正解 **next**（→42講）（2点）

訳 駅は花屋の隣にある。

**next to「ネクストゥ」（〜の隣に）**を聞き取りましょう。この文からCが④ Florist だとわかります。

(3) 正解 **opposite**（→42講）（2点）

訳 ドラッグストアはスーパーの向かい側にある。

**opposite「アパジッ（ト）」（〜の向かい側の、〜の**

反対側の）を聞き取りましょう。同じ意味の **across from ～** も重要です。この文からBが㋐ Drugstoreだとわかります。

[正解] A ㋒　B ㋐　C ㋑（各2点）

問3

(1)　[正解] ㋑（→41講）（2点）

[スクリプト] I wish I had gone to the party.

㋢ パーティーに行けばよかったなぁ。

選択肢から、**話者がパーティーに（㋐・㋑行ったかどうか、㋒これから行くのか）が聞き取りのポイント** となることを見つけた上で聞きましょう。

(2)　[正解] ㋐（→41講）（2点）

[スクリプト] Could you give me a hand?

㋢ 手伝っていただけませんか。

選択肢から、**話者が手伝いを（㋐求めているのか、㋑しようとしているのか、㋒拒んでいるのか）が聞き取りのポイント** となることを見つけた上で聞きましょう。**give O a hand（Oを手伝う）** も重要です。

問4

[正解] A ㋐　B ㋒（→43講）（各2点）

㋢ 100人の高校生がどの果物が一番好きか聞かれた。彼らは5つの選択肢のうちから1つ選ぶように言われた。その選択肢はりんご、ぶどう、オレンジ、いちご、その他だった。

[スクリプト] "Apples" was **the most popular choice**. **A quarter** of the students chose "oranges". "Strawberries" received exactly 20% of the votes.

㋢ 「りんご」が最も人気のある選択肢だった。生徒たちの4分の1[25%]が「オレンジ」を選んだ。「いちご」は全ての投票のちょうど20%を獲得した。

**最上級を表す** the most popularを聞き取り、一番パーセンテージが高いAを㋐ Applesにします。また、**a quarter「アクウォーラ[タ]」（4分の1）** を聞き取ると、25%のBが㋒ Orangesだとわかります。**グラフの描写では比較の表現が用いられることが多いことも覚えておきましょう。** また、最終文より、Cが㋤ Strawberries、そして言及されなかったDが㋑ Grapesだとわかります。